'**माणिक**' की गुफ़्तगू

दुनिया के कोने-कोने से माँ के प्यार तक,
अल्फ़ाज़ों के हुनर से लहजे की धार तक.........

By

मयंक 'माणिक'

INDIA • SINGAPORE • MALAYSIA

ISBN 979-8-88986-920-7

ये पुस्तक, और मेरा मस्तक,
दे रहा है मेरे, पिता के चरणों पर दस्तक
।। श्री मनोज कुमार जैन ।।

परवरदीगार से भी बढ़कर उनकी सोच हैं;
मुझ नाचीज़ को कभी नहीं समझते बोझ हैं।
हीरा भी उनका जगह चाह कर नहीं ले सकता;
वो पूरी दुनिया की सबसे बेहतरीन खोज हैं।
यूँ तो मुझसे कोई एक पल प्यार नहीं करता;
मगर मुझसे वो बेइंतेहा मोहब्बत करते रोज़ हैं।
अमीरों को भी वैसी दावत नसीब नहीं होती;
जितना स्नेह भरा कराते मुझको भोज हैं।
बाज़ार-ए-दुआ में सलामती मुझे बेचकर;
बदले में ले लेते मेरा तमाम दर्द ओ सोज हैं।
मैं हूँ गुलाब की टहनी का भी बेकार काँटा;
मगर मुझ जैसे कीचड़ के बीच में वो सरोज हैं।
सबको फ़क्र है दौलत, मकान, जाइदाद पर 'माणिक';
मगर मुझे गर्व है के मेरे पिताजी मनोज हैं।

- मयंक 'माणिक'

अनुक्रम

ग़ज़ल

1

जो मज़ा आपके घर में है, वो मेरे मकान में नहीं मिलता;
मैं आम बिल्कुल नहीं, साधारणों के बखान में नहीं मिलता।
जिन्होंने मुझे तवज्जोह नहीं दी, वो इस बात से थे महरूम;
मैं असली इश्क़ हूँ, किसी को इतने आसान से नहीं मिलता।
इमदाद का दरवाज़ा खटखटाने पर सुकून ज़रूर मिलेगा;
ये एक ऐसा तोहफ़ा है जो कभी एहसान में नहीं मिलता।
घर से निकलते ही वापस लौटने के लिए क़दम मचलने लगे;
इस क़िमाश का सोच आजकल के ख़ानदान में नहीं मिलता।
मैं जो भी सोचूँ, जो भी बोलूँ या जो भी लिखूँ, मेरा मन;
मेरा ख़याल नायाब है, ये हर के अरमान में नहीं मिलता।
ये तकब्बुर, सितम, जुर्म, अदावत बिकता होगा दुनिया में;
इस तरह का सामान तो अपने हिन्दुस्तान में नहीं मिलता।
वफ़ा, इज़्ज़त, ज़िम्मेदारी, खुद्दारी जहाँ फ़ज़ा में झलकती है;
'माणिक', भारत जैसा मुल्क तो पूरे जहान में नहीं मिलता।

* * *

2

आपकी आँखों में जब-जब देखूँ तो मुझे आबशार दिखता है;

आप जब-जब सामने आतीं है, मुझे जन्नत

का दरबार दिखता है।

इतना ख़ूबसूरत कैसे है कोई, ये जानने के लिए

तो हीरा भी है मुन्तज़िर;

क्योंकि आपके आगे इमारत, कुदरत, सोना,

नगीना सब बीमार दिखता है।

जिसके पास सूरज, चाँद, सितारे जैसे नगीने

पहले से ही मौजूद हैं;

ऐसी हसीन ओ जमील के दीदार से तो,

वो फ़लक भी इज़्तिरार दिखता है।

तो इसमें मेरी क्या ख़ता है कि आपको देखते

ही तारीफ़ के अल्फाज़ निकल गए;

आखिर आपके कुर्बत में हर किसी को परवरदीगार दिखता है।

ऐसी ख़ूबसूरती की मिल्कियत हैं आप जिसके दर्शन

मात्र से मोक्ष मिल जाए;

ये दरिया, पहाड़, परिंदे, अब्र तमाम गवाह है 'माणिक' के,

इन सबको भी आपका यही किरदार दिखता है।

* * *

3

धोखा करोगे हमसे तो अदावत कर देंगे बेटा;

ग़द्दारी करोगे तो तुम्हारे सामानों का बग़ावत कर देंगे बेटा।

जो बाप बार-बार ग़लतियों को माफ़ कर दे वो है हम;

वरना चाह गए तो हर रोज़ तुम्हारा क़यामत कर देंगे बेटा।

वहाँ दूर खड़े रहकर के क्या हमारे जवानों को ललकार रहे हो;

एक बार उनके हत्थे चढ़ के तो देखो, तुम्हारा

हजामत कर देंगे बेटा।

सम्भल जाओ, पैर रखोगे तो पैर कटेगा और हाथ उठेगा

तो हाथ;

नहीं तो अपाहिजों के साथ जीवन जीने का आदत कर देंगे

बेटा।

हम दोस्ती चाहते हैं दुश्मनी नहीं तो अपनी औकात में

रहना;

वरना एड़ी रगड़ोगे हमारे सामने ऐसा हालत कर देंगे बेटा।

और अगर कश्मीर, सिक्किम, अरुणाचल लेने का ख़्वाब भी

देखा;

तो हक़ीक़त में तेरी सरज़मीं को भारत कर देंगे बेटा।

* * *

4

हमसे इब्तिदा-ए-इश्क़ करना है? कर लो,

मगर इख़्तिताम हमारी मर्ज़ी से होगा;

चाहे फ़लक से सितारे नोच के ले आना,

मगर एहतिराम हमारी मर्ज़ी से होगा।

वो सोच रही थी कि इश्क़ का चम्मच चटाकर

हमें अपने उँगलियों पर नचा लेगी;

जी हुज़ूरी, ख़ुशामद, उल्फ़त, मिन्नत,

दरख़्वास्त तमाम हमारी मर्ज़ी से होगा।

वो देखो दौलत को, कैसे कोने में मुँह लटकाये पड़ी है;

बेचारी जानती है न, के महफ़िल का सारा

एहतिमाम हमारी मर्ज़ी से होगा।

हमने तो बदले से भी दोस्ती कर रखी है और

आप हमसे ही बदला लेने चले थे;

आपको क्या मालूम साहब, आपका भी

इंतक़ाम हमारी मर्ज़ी से होगा।

तुमको जो चाहिए सो मिलेगा लेकिन पहले

हमारा दिल तो जीतो;

आखिर ये तुमको भी पता है इस मुक़ाबले में

ईनाम हमारी मर्ज़ी से होगा।

तुम्हें जो बनाना है बनाओ हमें कोई ऐतराज़ नहीं;

मगर बनाकर के हमारे पास लाओ क्योंकि

दाम हमारी मर्ज़ी से होगा।

तुम हो पंख मैं हूँ हौसला और इंसान मुझे लगाकर उड़ते है;

क्योंकि तुम तो कतर दी जाती हो मगर

नाम हमारी मर्ज़ी से होगा।

शरीफ़ समझकर वो सोच रहे थे के मुझे

पत्तों की तरह झाड़ देंगे;

बेचारे ख़ुद ही समझ गए कि उनका भी

काम हमारी मर्ज़ी से होगा।

दूसरों के कहने पर पीता था मैं तो ये दुनिया

मेरा मज़ाक बनाती थी;

अब तमाशा करने की बारी मेरी क्योंकि इस

बार जाम हमारी मर्ज़ी से होगा।

अगर आगे भी सुनना चाहते है, तो हर आश'आर

से मुतासिर हो के दिखाइए;

हमारी नहीं 'माणिक', आखिर शेरों का तो

इंतज़ाम आपकी मर्ज़ी से होगा।

* * *

5

ख़ुद को चाँद और तुझको सितारा करके;

तेरी हर एक धड़कन को हमारा करके।

तूने तो मोहब्बत में एक शहर ही माँगा था;

ले आए हैं पूरी दुनिया तुम्हारा करके।

ये यक़ीन में के इस दफ़ा हामी ज़रूर मिलेगी;

आ गया हूँ तेरे सामने हिम्मत दोबारा करके।

हमारे रास्ते में जो काँटे थे, वो अब नहीं रहे;

आ रहा हूँ मैं उनको भी किनारा करके।

ले आज तेरे सामने बेबाक खड़ा हूँ मैं;

तेरी हर एक लफ़्ज़ को गवारा करके।

किसी ने कहा आँधी हमें लेने आ रही है;

आँधी को मैंने वहीं से मोड़ दिया आँखों से इशारा करके।

अब तो मान जा जान-ए-मन, थक गया हूँ मैं;

तेरी नुमाइश, फरमाइश, मिन्नत, ख़ुशामद ये सारा करके।

तेरी दरिया-ए-तन्हाई में ये दिल दिवाना डूब जाता है;

तुझे जाना है तो जा, मगर इस दिल को सहारा करके।

मुझसे दग़ा करके मेरा महबूब ख़ुश हो रहा था;

उसकी कद्र छोड़कर चली गई उसको बेचारा करके।

ये जो दिल है मेरा 'माणिक' बस इसी ने मुझे रोक रखा है;

ये दिमाग़ तो नौ, दो, ग्यारह हो गया था मेरा ऊँचा पारा करके।

* * *

6

ख़ातिरदारी हो तो मेहमानों की तरह;

काम करो तो दिवानों की तरह।

ख़िदमत करना है तो उन वीरों की करो;

सरहदों पर जो शहीद हुए महानों की तरह।

अगर मुक़ाबला हो हमसे तो हवा हो जाए;

बनो ऐसे बेजोड़ तूफानों की तरह।

एक सुराख़ से हम अंधेरों को रौशन कर दे;

ऐसे है हम उन रौशनदानों की तरह।

ख़ुद के दिल में नफ़रत पालने वालों;

जीना है तो जियो इंसानों की तरह।

सिर्फ़ ऊँचे-ऊँचे ख़्वाब रखने वाले मेरे भाइयों;

मेहनत को भी तवज्जोह दो अरमानों की तरह।

कुछ भी समझाओ तो हाज़िरजवाब होते हैं;

बच्चों अपने दिमाग़ को भी बनाओ ज़ुबानों की तरह।

ये तमाम दुनिया जो हमें नीचा दिखने में लगी है;

'माणिक' पहले ख़ुद को तो बनाए हिंदुस्तानों की तरह।

* * *

7

कभी गुल को देखा है, कितनी ख़ूबसूरत उसपर शबनम होती है;

वैसे उस शाह जहाँ की मुमताज़ भी नहीं, जैसे एक बच्चे की माँ सनम होती है।

सुबह में, शाम में, सोने में, खाने में, हर वक़्त नौ महिने वो कितना दर्द सहती है;

फ़िर भी कितनी ख़ुश होती है माँ जब उसके बच्चे की जनम होती है।

मेरी श्वास ने मुझ से पूछा, क्या इतना ख़ूबसूरत होता है एक माँ का प्यार;

झूठ निकले तो तू भी मेरा साथ छोड़ देना, हाँ तेरी कसम, होती है।

सोना-चाँदी, हीरा-मोती, सूरज, चाँद, सितारे के पीछे भागने वालों;

माँ की गोद से लिपट के देखो, ये सब फ़ीका पड़ जाएगा, माँ इतनी अहम होती है।

इस कुदरत की सुख कहाँ और माँ के कुर्बत की सुख कहाँ; समझने में कहीं देर न हो जाए क्योंकि जिस दिन माँ छोड़कर जाती है न, आँखें नम होती है।

किसी के पास रूप है किसी के पास रंग कुछ अमीरज़ादे है
कुछ शहज़ादें;
फ़क़ीर होकर भी इन सबसे अमीर हूँ मैं क्योंकि मेरे सिर
पर मेरी माँ की दुआएँ हरदम होती है।

* * *

8

हर जगह, हर वक़्त मुझे मसरूफ़ समझते है;

ये ज़माने वाले मुझे बड़ा बेवक़ूफ़ समझते है।

सच कह रहा हूँ कि अब डर लगता है उनसे;

अब जो शख़्स मुझे अपना मालूफ़ समझते है।

मिर्च को चाशनी में डुबो मुँह मीठा कराने चले?

जनाब! हम भी आपको बड़ा ख़ूब समझते है।

यूँ पासे फ़ेंक कर दुनिया जीत ले, मगर वो नहीं है हम;

क्या करे भाईसाहब, हम मेहनत को अपना महबूब
समझते है।

आप चाहें जितना भी दहकते अंगारे हम पर बरसा ले;

हम तो आपके हर एक अदाओं को अनूप समझते है।

आफ़ताब को चुराकर ख़ुद को बड़ा तेज़ समझता है;

ऐ चाँद! इतरा मत, तुझको बड़े अच्छे से ये धूप समझते है।

न जाने इतनी मोहब्बत क्यूँ है नक़ाबों से इंसानों को
'माणिक';

जब की परवरदिगार तो हमारा हर एक स्वरूप समझते है।

* * *

9

अपने हर एक दुश्मन से मैंने साफ़ कह दिया;

हर एक को मैंने दिल से माफ़ कह दिया।

जिनकी उम्र भर मैंने बड़ी तबीयत से हिमायत करी;

उन्होंने पहले मौके में ही मेरे ख़िलाफ़ कह दिया।

मुझे जिन्होंने ज़ख़्म दिया उन सबका हिसाब है मेरे पास;

मगर हमनें इन सबको महज़ एक इत्तेफ़ाक़ कह दिया।

इतने बड़े दिल वाले लोगों का मज़हब क्या है, पूछा गया हमसे;

जवाब में हिन्दुस्तान हमने बेबाक कह दिया।

ज़ख़्म मेरे तक काबिल-ए-बरदाश्त था मगर अब वो आगे बढ़ गए;

वहीं गाड़ दिया मैंने उन्हें जिन्होंने मेरे मुल्क को मज़ाक़ कह दिया।

* * *

सब कुछ का छूट जाएगा मुझसे, मगर इसका ईमान ना छूटेगा;

उसकी तरह (परवरदिगार) मेरे मन से, ये (सरज़मीं) भी भगवान ना छूटेगा।

इसके बदले मेरा सिर माँगता है? तो ले ले;

मगर मर कर भी इस दिल से हिन्दुस्तान ना छूटेगा।

बाहर थोड़ा ज़्यादा दौलत ओ इज़्ज़त दिखी तो मुहाजिर हो गए;

मेरे पास भी ऐसा मौका था मगर ऐसे लोग न थे, क्या करे मुझसे मेरे देश का इंसान ना छूटेगा।

यहाँ की ख़ूबसूरती के आगे तो जन्नत भी फ़ीका पड़ जाता है;

मैं एक हिन्दुस्तानी हूँ, मरते दम तक ये अभिमान ना छूटेगा।

मुझे रंग, रूप, दौलत, शोहरत, मोहब्बत, इज़्ज़त मत मिले;

मगर हर जन्म में भारत ही मिले, हृदय का ये अरमान ना छूटेगा।

ये जो तिरंगा है, ये हमारा शान है, फ़ख़्र है, नाज़ है;

ऐ मौत! जा, फ़िर कभी आना, अभी मुझसे मेरा ये शान ना छूटेगा।

आज हर तरफ़ हवा-ए-हिन्दुस्तान चलने लगा है, तो कुछ लोगों को तकलीफ़ हो रही है;

मेरे प्यारे दुनिया वालों इसकी आदत डाल लो बेटा, अब ये तूफ़ान ना छूटेगा।

उनसे तो महज़ मुट्ठी भर लोगों का नहीं सँभलता, और मेरा परिवार तो 140 करोड़ लोगों का है;

हक़ीक़त में तो बहुत दूर की बात है, ख़्वाब में भी मुझसे इतना प्यारा ख़ानदान ना छूटेगा।

जहाँ सरहदों पर जान की बाज़ी लगाना पेशा नहीं शौक़ हो, उसे हिन्दुस्तान कहते हैं;

हमारा सब रुख़सत हो जाने के बावजूद अपना ये पहचान ना छूटेगा।

ऐ ख़ुदा! तुझसे इल्तेजा है कि मेरे मुल्क से नूर ओ सना की क़िल्लत कभी ना हो;

ये हिन्दुस्तान जान है 'माणिक' का, ये जान (ज़िंदगी) लेना है तो ले ले, मगर ये जान ना छूटेगा।

* * *

11

यूँ चुप-चुप ना रहा करो मुझसे;

अगर कोई ख़ता हो मेरी तो कह दिया करो मुझसे।

जब तुम रूठती हो तो मेरा दिल भी मुझसे नाराज़ रहता है;

चाँद चाहिए, ले आऊँगा, बस कह दिया करो मुझसे।

अरे चाँद क्या, ये पूरा का पूरा आसमाँ तेरे लिए खींच लाऊँ;

मगर छोटी-छोटी बातों में तू-तू मैं-मैं ना किया करो मुझसे।

चेहरे पर तो नूर ख़ुद पर ख़ुद पनप जाएगा;

सुधारना ही है अगर कुछ तो अपना बरताव बढ़िया करो
मुझसे।

यूँ अपना मुँह फुलाकर तुम 'माणिक' थोड़े ना बन जाओगी;

रूठने के लिए भी ओ जाना! तुम मशवरा लिया करो मुझसे।

* * *

जहाँ लोगों के बीच ख़ुशी, यकजेहती, इज़्ज़त, उल्फ़त,
एतेबार होता है;
वहाँ पर लोग नहीं होते, परवरदिगार होता है।
लोगों के बीच जहाँ मुसलसल इश्क़ हो, उसे ख़ानदान
कहते हैं;
तफ़तीश कर लेना पूरे कायनात में, क्या और भी ऐसा
दरबार होता है।
जैसे फ़लक ख़ुर्शीद का चराग़ जलाकर ख़ुशी झलकाता है;
वैसे ही ख़ुशियों के दीप से ख़ानदान में हर लम्हा तैयार
होता है।
सिर्फ़ लहू का रिश्ता नहीं होता है वहाँ जिस आशियाने को
ही इबादत घर कहते हैं;
छोड़कर जाने का मन ही नहीं करता, ऐसा यहाँ हर शख़्स
का किरदार होता है।
जिस ख़ानदान का नाम और सिर कभी किसी के आगे
न झुके;
समझ लेना वहाँ का हर शख़्स इज़्ज़तदार ओ ख़ुद्दार होता है।

और जहाँ एहतिराम बड़े का छोटों और छोटे का बड़ो की
आँखों में झलकती है;
तहक़ीक़ात कर लेना 'माणिक' दुनिया में, लोगों का ऐसा
अटूट मज्मा सिर्फ़ परिवार होता है।

* * *

13

चाह जाऊँ तब तो एक फूल तक तो ले नहीं सकता है वो,
कहता है कि मेरा पहाड़ लेगा;
अगर मैं किताब भी हूँ तो क्या हुआ, कौन सा वो मेरा
पन्ना फाड़ लेगा।

साहब, ख़बर मिली है कि वो आँधी-तूफाँ से भी गुफ़्तगू
करता है;
तो? यहीं तो खड़ा हूँ, मैं भी तो ज़रा देखूँ कि वो मेरा क्या
उखाड़ लेगा।

बेटे, मैं वो बला हूँ जो ज़बान कतरता हूँ और मेरे पीठ पीछे
उसकी बोली बहुत बढ़ गई है;
एक बार मेरे सामने आ के तो देखे, उसका औकात है के
वो मेरे आगे दहाड़ लेगा।

गरजने वाले गरजते ही रहते हैं, बेचारे बरसते कहाँ;
मेरे मकान ओ ख़ानदान तक तो उसका हैसियत ही नहीं,
हाँ मेरे घर का आँगन वो अच्छे से बहाड़ लेगा।

ये अमीरज़ादे, ग़रीबों के सामने इतराते है 'माणिक', तो
इतराने दो;
ये समुन्दर भी लोगों के दरमियाँ आने के लिए दरिया का
ही आड़ लेगा।

* * *

इतना कम है कि ये लोग कभी मुझे रुसवा नहीं करते;

क्या हुआ अगर ये मेरे शेरों पर महबा नहीं करते।

मेरे हाज़िरीन की इस्तिमा को मैं ख़ुद दाद देता हूँ;

सद्र-ए-मोहतरम, ये इतना परेशान हर मर्तबा नहीं करते।

जनाब मैं तो यहाँ से तशरीफ़ लेकर जा ही रहा था;

मगर इस महफ़िल के लोग कभी इर्शाद कहने में ना नहीं करते।

ऊँचे मुक़ाम हासिल कर लेने पर भी उन्हें कभी ख़ुशी नहीं मिलेगी;

जो बेटे अपने माँ-बाप के लिए इबादत ओ दुआ नहीं करते।

आज तो कोह-ए-आशिक़ी और फ़लक-ए-इश्क़ है चारों तरफ़;

कमाल होते है कुछ लोग भी जो इस ज़माने में निकाह नहीं करते।

मोहब्बत करना अगर जुर्म है तो मुझे सज़ा-ए-इश्क़ से नवाज़ा जाए;

आख़िर इस कायनात में कौन शख़्स हैं, जो ये गुनाह नहीं करते।

उनको ज़माने की राय नहीं लगती उनका फ़ैसला मुक़द्दर हो जाता है;

जो जुर्म, इश्क़ और इबादत करते हैं वो ज़माने की परवाह नहीं करते।

और ऊँचे शौक़ वाले लोग सिर्फ़ एक मुस्तक़िल 'माणिक' को तलाशते है;

वो लोग चलते-फिरते सोने-चाँदी पर अपना निगाह नहीं करते।

* * *

15

आजकल मन नहीं लगता है, सोचता हूँ रंगीन-ए-रात बना लूँ;
बहुत हुआ सँभल के रहना, अब तो इस सावधानी से भी
एहतियात बना लूँ।

अपनी खुशी के लिए आजतक आपको देखा था मैंने;
अब चाहता हूँ के आपकी हँसी को अपना तहक़ीक़ात बना लूँ।

बस रोज़ाना गुफ़तगू करना सिर्फ़ जुस्तजू नहीं है मेरी;
अब वक़्त आ गया है के आपको अपनी शरीक-ए-हयात
बना लूँ।

ये शख़्स कितना हुनरमंद है इसका आपको अंदाज़ा नहीं;
मैं वो आशिक़ हूँ जो अपने धड़कन को नग़मा और आपके
तबस्सुम को बारात बना लूँ।

ज़हर खाने और बेचने वाले शख़्स तमाम बुज़दिल मालूमात
पड़ते है;
मुख़्तलिफ़ शग़फ़ है मेरा के खाने ओ बाँटने के लिए आब-
ए-हयात बना लूँ।

* * *

इस दिलकश क़ुदरत की ख़ूबसूरतियों का अंदाज़े लगाते हैं;

कभी देखा है दरख़्त की शाखा पर बैठे अपने चोंच परिंदे लगाते हैं।

कोइ मुक़ाबला ही नहीं है इन मशीनों का हम इंसानों के आगे;

जो मौसम को देखकर ही बारिश का अंदाज़ा बाशिंदे लगाते हैं।

फ़रिश्तों के लिए वो लोग उसी दिन मर गए जो ये नहीं जानते;

के उनके घर में झाड़ू-पोछा मुर्दे नहीं ज़िंदे लगाते हैं।

ज़रूर कोई गुनाह-ए-अज़ीम किया है इन सय्यारों ने;

जो ख़ुदा-ए-ख़ुर्शीद के चक्कर ये तमाम शर्मिंदे लगाते हैं।

ख़ुदा ने तब जाकर इस दुनिया में हिन्दुस्तान बनाया था 'माणिक';

जब इस ख़ूबसूरत सी ज़र्मी को हाँथ ख़ूँखार दरिंदे लगाते हैं।

* * *

कुछ लोग तकब्बुर से कहाँ बेवफ़ाई कर पाते हैं;

जो मेरे एहबाब भूल गए के वो किनकी बदौलत कमाते है।

फ़र्श के स्पर्श से कभी महरूम ही नहीं रहते हैं हमलोग;

अमीरों को अपनी गोद में बैठाकर के हम फ़क़ीर कहलाते है।

ग़द्दारी अपने सीने से लगाकर रखती है अमीरों को;

ग़रीब तो अपने घर में झूमर नहीं दिया जलाते है।

दौलत के दीदार होते ही हवा में उड़ने लगते हैं लोग;

जैसे आफ़ताब को देखकर परिंदे आसमाँ में चले जाते हैं।

अपनी सदाक़त ज़मीं को छोड़कर मत जाओ फ़ज़ा में;

ये धोखेबाज़ दौलत अपने आशिक़ों को बड़ा रुलातें है।

मगर आपसे बेहतर तो वो परिंदे हैं ना जनाब;

जो कम से कम शाम होते ही ज़मीं पर वापस लौट आते हैं।

पैदा होकर चलना सीखती है अमीरी उस ज़मीं पर;

जिसे हम फ़क़ीर अपने ख़ून पसीने से बनाते हैं।

ऐसी दास्ताँ सुनकर आप सब मायूस दिखने लगे हैं;

ठहर जाइए हम अभी आपके अंदर जोश जागते हैं।

याद कीजिए उस ज़मीं को जिसे हिन्दुस्तान कहते हैं;

जिसके सजदे में तमाम शख़्स अपना शीश झुकाते है।

ग़द्दारों के लिए जिनके आँखों में अंगारे दहकती है और;

दिल दहल जाता है उस फ़लक का भी जब हमारे वीर
ललकारते हैं।
उस दिन मौत के आँखों से भी आँसू छलक जाती है;
जिस दिन हमारे जवान उसे अपने सीने से लगाते हैं।
किसी चीज़ की इतनी औकात नहीं 'माणिक', के उस ख़ुशी
का मुक़ाबला कर सके;
जो सुकून हमें नसीब होता है, जब हम अपना तिरंगा
लहराते है।

* * *

ख़ुश्कसाली ज़मीं ने पानी के लिए ना जाने कितने वर्षों
तक तपस्या की, यहाँ तक कि लोगों ने भी आसमाँ से
सिफ़ारिश किया है;

मुफ़्त का चंदन हर को नसीब नहीं होता सो इतना
जद्दोजहद किया गया, तब जाकर अब्र ने उस ज़मीं पर
बारिश किया है।

मेहनत ओ मशक़्क़त परस्ती लोग तो दरिया-ए-मुफ़्लिसी
को पार करके शहज़ादे बन गए;

और जो अनैतिक करते थे ये अमीरज़ादे ख़ुद को ख़ुदा
मानकर, वक़्त ने ना जाने इनके जैसे कितनों को लावारिस
किया है।

उधर ना जाने कितने, कुदरत का एकलौता तोहफ़ा खो बैठे
ख़ुमार-ए-शबाब में;

इधर माँ के चेहरे की झुर्रियाँ ही मिटा दी जज़्बाती ख़ुदा ने,
आखिर एक नन्हीं सी जान ने जो ख़्वाहिश किया है।

हमारी बेबाकी का अंदाज़ा तो अब कुदरत लगाने लगी हैं;
आखिर तूफानों के बीच में हमने अपनी ज़िन्दगी का
गुंजाइश किया है।

जब उनके सिर्फ़ एक झलक को पाकर इन हुनरमंद निगाहों
ने ग़ज़लें लिख दीं;

सो अगर देख लो तो ये अजायबघर भी फ़ीका पड़ जाए,
इन आँखों ने उनके चेहरे का ऐसा नुमाइश किया है।
इस ज़माने की क्या हैसियत के हमारे अहद-ए-वफ़ा का
मुक़ाबला करे;
जो उस फ़लक के दामन से सितारे उखाड़ लाते हैं हम,
जब-जब हमारी माशूक़ा ने फ़र्माइश किया है।
और ये ज़माना कितना ज़ालिम है ये इस 'माणिक' को
मालूम है जनाब;
भला करने में बुरा क्या है अगर ग़म भी गवारा हो तो, सो
हमने इस दुनिया पर आज़माइश किया है।

* * *

19

मीठा चखने के लिए मन में मीठे का कदर होना ज़रूरी है;

मेरे मुल्क में रहने के लिए दिल-ए-शहर होना ज़रूरी है।

साहस की ज़रूरत पड़ती है ज़िंदगी जीने के लिए;

मरने के लिए तो बस जेब में ज़हर होना ज़रूरी है।

हाशिए का मदद लेने वाले दरिया कहलाते हैं;

समुन्दर बनने के लिए तो लहर होना ज़रूरी है।

सिर्फ़ शजरा बनने का ख़्वाब रखने से कुछ नहीं होता;

मिट्टी को बोलो, पहले उस ज़र्मीं पर शजर होना ज़रूरी है।

कोई भी हाँथ में तीर ले ले तो तीरंदाज़ नहीं हो जाता;

ख़ूबसूरती को देखने के लिए मेरे जैसा नज़र होना ज़रूरी है।

जीत के लिए जंग-ए-मोहब्बत हुनरमंदी माँगती है;

कहीं पर शूरवीर तो कहीं पर कायर होना ज़रूरी है।

माशूक़ा क्या माशूक़ाएँ भी हर मोहतरम के हिस्से में आ जाएं;

मगर ऐसी कलाकारी के लिए तो 'माणिक' जैसा शायर होना ज़रूरी है।

* * *

जो बाँध था उसे लोग नल समझ बैठे;

और हमारे मुस्कराहट को छल समझ बैठे।

मुझको दर्द बख़्शा उन्हीं मसीहाओं ने;

जिनको हम अपनी मुसीबतों का हल समझ बैठे।

वो तो हमारे ज़िंदगी का एकलौता हँसी था;

जिसे हम इब्तिदा-ए-खुशियों का पल समझ बैठे।

वो तमाम गड्डियाँ कागज़ नहीं जुर्म की थी;

जिसे हम साहब के मेहनत का फ़ल समझ बैठे।

इतनी भी शराफ़त ना समझिए इन नासमझ पौधों को;

के कल इसी के पत्ते आपको बुज़दिल समझ बैठे।

इस दिल में ख़ून से ज़्यादा ख़ुलूस भरी थी इसलिए;

शायद हर एक धड़कन भी इसे ही क़ातिल समझ बैठे।

इतने सयाने हैं आप की गुज़श्ता भी नहीं समझ पाए;

इतने बेवकूफ़ है हम कि इशारों में ही मुस्तक़बिल
समझ बैठे।

अक्सर वही रास्ते हमारे लिए आसान निकले;

जिसे ये दुनिया वाले कितना मुश्क़िल समझ बैठे।

हमें महज़ उसी जगह जन्नत की तजल्ली मिली;

जिसे ख़ुदा भी फ़क़त आपका दिल समझ बैठे।

हमारा मोहब्बत है या नादानी ये तो हमें नहीं है मालूम;

जो आपके सबूत-ए-क़िल्लत-ए-नींद को हम काजल

समझ बैठे।

वो चुस्त, दुरुस्त, तंदुरुस्त भी आखिर आए मुक़ाबले में;

ज़िंदगी की दौड़ में जो अच्छों को घायल समझ बैठे।

ख़ुर्शीद को पोशीदा तो इस धुआँ ने किया था;

मगर कुछ होशियार धुआँ को बादल समझ बैठे।

शायद बहुतों पर नहीं चढ़ा शौक़ का ख़ुमार;

इसलिए ना जाने कितने 'माणिक' को पागल समझ बैठे।

* * *

आपका हँसी मेरे दिल में सदा के लिए आबाद रहेगा;

आपके साथ बिताया हर एक पल मुझे हमेशा याद रहेगा।

मेरे इस फ़ेहरिस्त की सल्तनत पर आपका हुकूमत है;

इसलिए मेरा हर एक काम अब आपके बाद रहेगा।

आप ही को इस मरज़ का दवा मुझे देना पड़ेगा;

वियोग में मेरे सीने में बेचैनी का इत्तेहाद रहेगा।

न जाने हिजरत के इस पुल को कैसे पार करूँगा मैं;

आपसे जुदा होकर के मेरा हर एक पल बर्बाद रहेगा।

आप ही के साथ बीता हर लम्हा मेरे लिए तकलीफ़ बनेगा;

और दर्द में वही हाफ़िज़ा मेरे लिए इमदाद रहेगा।

अब भूख से बहुत ज़्यादा तड़पुँगा मैं गाय;

पता नहीं कब मेरे सामने आपके मुख का नाद रहेगा।

तसव्वुर और ख़्वाबों में ही महज़ देख पाऊँगा अब आपको;

और ताबीर ही मेरी ज़िंदगी का अब बुनियाद रहेगा।

आफ़ताब में भी इन्हें भेदने की अब हैसियत कहाँ;

मेरे आँखों के आगे आपका चेहरा रूपी चश्मा इमाद रहेगा।

मुझे जो आपका इश्तियाक़ है अगर मैं उसका क़त्ल भी कर दूँ;

तब भी मुझे यक़ीन है मेरे लिए बैठा उसका औलाद रहेगा।

बेचारा हीरा भी मेरा इमान अब कैसे जीत पाएगा;
जब मेरे हक़ में आपके ख़यालों का जाइदाद रहेगा।
मुझको आरज़ी तौर पर जन्नत की दीदार क्यों कराई;
उस परवरदीगार से मेरा सिर्फ़ इतना ही फ़रियाद रहेगा।
फाँसी के वक़्त अगर मैं अपना आखिरी ख़्वाहिश सुना दूँ;
तो मेरा ये ग़ज़ल सुनकर के कैसे कोई भी जल्लाद रहेगा।
कहीं पर सुनाकर के भी मेरे लबों को हँसी नहीं छुएगी;
भले ही मेरे इन शेरों के आगे सामेईन का दाद रहेगा।
और अगर आपको ऐतबार नहीं तो लीजिए कसौटी 'माणिक' का;
मेरे इन अश्कों के हर कतरे में आप ही का तादाद रहेगा।

* * *

विश्वास, आस्था, यक़ीन ऐतबार नहीं होता;

मुझे भरोसा ख़ुद पर हरबार नहीं होता।

वरना बहुत आगे जाने वाला था मैं;

अगर बदगुमानी के मरज़ से मैं बीमार नहीं होता।

यूँ तो किसी पर भी क़सीदे लिख देता हूँ;

मगर मुझसे ये इश्क़ का इज़हार नहीं होता।

ना जाने आज खाना कैसे मुकम्मल हो पाता;

अगर आज मेरे थाली में आचार नहीं होता।

आसमाँ का गुमान कब का तोड़ देता मैं;

अगर ज़मीन से जुड़े रहने का मेरा विचार नहीं होता।

अपने आप को ख़ुशक़िस्मत समझ ऐ चाँद;

सूरज हर किसी के लिए बेक़रार नहीं होता।

अगर सब्र होता तो हमेशा मुतमईन रहता;

मगर मुझसे कभी भी ये इंतज़ार नहीं होता।

नहीं होता मेरा आज अश्क भरा आँख;

अगर रश्क से लबालब मेरा किरदार नहीं होता।

साहब को उनके करम से इत्मीनान हो जाता;

अगर मैं उनके एहसान का कर्ज़दार नहीं होता।

अल्फाज़ों के आतिशबाज़ियों से महरूम रह जाते 'माणिक';

अगर दुनिया में शायरी नाम का त्योहार नहीं होता।

* * *

ना जाने कितने लोग इस तरह से अपना सवाब धोते रहते हैं;

बहुत कुछ खो देते हैं वो, जो दिन के वक़्त सोते रहते हैं।

मेरा दिल इतना हल्का नहीं कि इसे कोई भी उड़ा के ले जाए;

आखिर आपका याद भी हम इसी मलबे में ढोते रहते हैं।

कामयाबी ओ बुलंदी की फ़सल उसी के लिए फलती है;

जो मेहनत ओ ईमानदारी का बीज अपने सीने में बोते रहते हैं।

मेरे एहबाब ही मेरी तरक़्क़ी से जलते हैं साहब;

इतना मत चौंकिए जनाब, आज के ज़माने में ये सब होते रहते हैं।

उम्रदराज़ी भी कितनी मीठी सी ख़ुदग़रज़ी बख़्शती है;

बुज़ुर्ग होने पर बेटे से ज़्यादा अहम पोते रहते हैं।

माँ-बाप के आशीर्वाद से ही होंठों को हँसी छूती है;

बेवक़ूफ़ होते हैं वो जो ऐसा मौका खोते रहते हैं।

भाग्य, बख़त, नसीब, क़िस्मत से बड़ा होता है मेहनत;

इसी की मेहरबानी से किसान खेतों को जोते रहते हैं।

मैं हाँथ जोड़ता हूँ क़ुदरत की ख़ूबसूरती मत उजाड़ो;
इस पेड़ को तो छोड़ दो, इसके डाल पर तोते रहते हैं।
मुझसे बेवफ़ाई करने की गुनाह भूल से मत करना;
'माणिक' खो देने के बाद आज भी कितने लोग रोते रहते हैं।

* * *

अब ये आप ही तय कीजिए के मैंने पुण्य या पाप को चुन लिया;

मैं तो बस इतना ही जनता हूँ के मैंने आप को चुन लिया।

आपके हुस्न ओ बदन का पैमाइश करते हैं आपके आशिक़;

इस अनपढ़ ने तो बस आपके दिल की नाप को चुन लिया।

व्यापार थोड़ी है के कुछ दे तो सामने से कुछ मिले भी;

सो मैंने मोहब्बत के लिए आस्तीन के साँप को चुन लिया।

बहता हैं आँख, हल्का होता है दिल, तो दिक्क़त क्या है;

उनके वियोग के मार्ग पर मैंने सहारे में विलाप को चुन लिया।

वाष्प अदृश्य होकर ख़ामोशी से बुलंदी पर पहुँच जाता है;

इसलिए मैंने भी आज से अपने लिए भाप को चुन लिया।

जो इबादत के बाद शराब चुन लेते हैं, ऐसे हैं आज के रहबर;

वो मुर्ख कहलाते हैं जिन्होंने पाप के बाद पश्चाताप को चुन लिया।

कुछ हैं जो परिवार से बिछड़कर के आराम चुन लेते हैं;

कुछ हैं जिन्होंने आराम से बिछड़कर परिवार के मिलाप को चुन लिया।

लोग दौलत, शोहरत, मोहब्बत चुनकर के हीरे बन गए
मगर;
मैं 'माणिक' हूँ, आखिर मैंने अपनी ज़िंदगी में माँ-बाप को
चुन लिया।

* * *

ये आसमाँ, ये दरिया और ये दरख़्त कहाँ से लाते हैं;

न जाने हमारे ये जिस्म इतना रक्त कहाँ से लाते हैं।

हमारे तो हड्डियों में भी प्यार की कोमलता है;

पता नहीं लोग अपना दिल, इतना सख़्त कहाँ से लाते हैं।

हमारे पास तो मोहब्बत के लिए समय नहीं;

न जाने लोग नफ़रत के लिए वक़्त कहाँ से लाते हैं।

बिन माँ-बाप के लोग आज तक पूछते हैं;

भैया, ये माँ-बाप जैसा सरपरस्त कहाँ से लाते हैं।

आज भी याद आती है वो मोहब्बत की नन्हीं सफ़र;

लोग प्यार के बीच बेवफ़ाई का जस्त कहाँ से लाते हैं।

हम जिनके शिरकत है उनसे पूछते हैं लोग;

ये बताये ज़रा, आप आदमी इतना मस्त कहाँ से लाते हैं।

और एक बात तो आज तक हम ख़ुद ही नहीं समझ पाए;

यार ये शेर ओ शायरी हम इतना ज़बरदस्त कहाँ से लाते हैं।

* * *

टूटे दिल को कैसे नया करूँ जब इसे मरम्मत तक नसीब नहीं होती है;

झूट का बुनियाद होने पर जिगर में हिम्मत तक नसीब नहीं होती है।

मतलब परस्ती के लिए अपना तक़दीर तक बेच देतें हैं लोग;

ख़ुदग़रज़ों को मोहब्बत छोड़ो किसी की नफ़रत तक नसीब नहीं होती है।

जो लोग झूठा नक़ाब ओढ़कर दुनिया जितने निकले हैं, जान लो;

वैसों को बहरामंदी क्या बरकत तक नसीब नहीं होती है।

आबरू की सरपरस्ती नहीं मिलती क़ुर्बत के चीज़ों को;

आखिर दूर ना हो तो हीरे को क़ीमत तक नसीब नहीं होती है।

ज़िंदगी में कितना भी भला कर लो किसी भी मुक़ाम पर पहुँच जाओ;

दुनिया का उसूल है 'माणिक', मरे बिना इज्ज़त तक नसीब नहीं होती है।

* * *

27

मेरा छोड़िए आपके दिल को जो भाता है मैं वो तरन्नुम हो जाऊँगा;

अगर आप सितारों को देखिएगा तो मैं बज़्म-ए-अंजुम हो जाऊँगा।

ये बदन तो मर जाएगा मगर मेरा ये उल्फ़त ला-फ़ानी है;

अगर आप इंतक़ाल में खो जाओगी तो मैं भी मौत में गुम हो जाऊँगा।

मेरा अहद-ए-वफ़ा ओ मुनफ़रिद एहतिराम फ़क़त मुन्तज़िर है आपके लिए;

हयात भर आपको आप कहूँगा और हाँ, आपके लिए मैं तुम हो जाऊँगा।

जज़्बात-ए-मोहब्बत का तसव्वुर में रोज़ाना दीदार करता हूँ मैं;

हँसी आपसे बेरुख़ी कैसे करेगी, जब मैं आपका सबब-ए-तबस्सुम हो जाऊँगा।

आपके लहू के क़तरों-क़तरों को हमेशा मयस्सर रहूँगा मैं;

ऐसा इश्क़ करूँगा के आपके हर बातों का मैं ही तकल्लुम हो जाऊँगा।

चाहे तमाम सवाब ख़र्च करना पड़े मगर आपको जन्नत
बनाकर छोड़ूंगा;
ये अलग बात के आपका तमाम गुनाह लेकर के मैं
जहन्नुम हो जाऊँगा।

* * *

किसके दिल में उल्फ़त और किसका मन नेक रहता है;
आज के ज़माने में कौन सा परिवार एक रहता है।

नाबीना लोगों को भी मालूमात होता है प्यार का पता;
तू भी जा के माँ के गोद में ग़ौर से देख रहता है।

बच्चे बालिग़ होते हैं आयु के तौर पर मोहब्बत के नहीं;
पिता के लिए तो हर उम्र में बेटा नाबालिग़ रहता है।

उनके हाँथ भी थर्राते हैं हमें छूने के ख़्याल से;
क्योंकि हर हिन्दुस्तानी के अंदर एक सैनिक रहता है।

और सोना, जाइदाद, चाँदी, हीरों से भी बेशक़ीमती हूँ मैं;
आखिर मेरे नाम के आगे आज भी 'माणिक' रहता है।

* * *

भले ही आपके जिगर में मयस्सर लहू-ए-इमदाद रखा जाता है;

ज़माने में तो ना जाने कैसे-कैसे जज़्बातों के धड़कनों को आबाद रखा जाता है।

ये दुनिया है, यहाँ लाखों सही ओ सवाब की कोई क़ीमत नहीं होती साहब;

वो एक ख़ता, सिर्फ़ वो एक गुनाह को यहाँ ज़िंदगी भर याद रखा जाता है।

ये फ़ालतू की नुमाइश से अपने क़ैद-ए-जाँ को रिहा करो;

आबरू का सिरताज पहनने के लिए सिर्फ़ मेहनत को इमाद रखा जाता है।

अपने माँ-बाप, मुल्क, ख़ानदान, दरवेश, एहबाब;

दुआ माँगने की फ़ेहरिस्त में ख़ुद को इन सबके बाद रखा जाता है।

दुनिया में हर एक शख़्स सब तरह का काम नहीं कर सकता;

इसलिए इंसाफ़ के लिए मुंसिफ़ और उसे मुकम्मल करने के लिए जल्लाद रखा जाता है।

जानते हैं लोग के वो हथियार-ए-मोहब्बत से दुनिया जीत सकते हैं;
इसलिए धोखा दे देकर अच्छों को ज़माने में बर्बाद रखा जाता है।

अकेले ही समंदर का लहर मोड़ने के लिए भी काफ़ी होते हैं;
उनको लोगों की ज़रूरत नहीं जिनके दिल में हिम्मत का इत्तेहाद रखा जाता है।

क्या बताऊँ, आशिक़ी कैसे-कैसे सवाल पूछकर इम्तिहाँ लेती है;
कभी अल्फाज़ों का सैलाब तो कभी आँसुओं का तादाद रखा जाता है।

और महज़ मतला, शेर, मक़्ता, क़ाफिया, रदीफ़ से थोड़ी ना बनता है 'माणिक';
ग़ज़ल मुकम्मल करने के लिए तो हर शेर के आगे दाद रखा जाता है।

* * *

अपना हर काम मैं तेरे साथ करता हूँ;

आज से अपना वजूद भी तेरे हाथ करता हूँ।

यूँ तो सामना करने से डरता हूँ सबको;

फ़िर भी मैं तुझसे रोज़ मुलाक़ात करता हूँ।

कुछ हटके अपना रिश्ता है सो मैं तेरे हवाले;

अपना सुबह ओ दोपहर, शाम ओ रात करता हूँ।

एक दूसरे से कितने जुड़े हैं हम क्या बताऊँ;

अगर तू जुबान हैं तो मैं ख़ुद को दाँत करता हूँ।

हँसी, ख़ुशी, आँसू दर्द अब जो तू दे दे;

मैं तो तेरे हक़ में अपना सारा जज़्बात करता हूँ।

तन्हाई ही मुझे, तुझे पढ़ने का मौका देती है;

सो ये दुनिया से मैं ख़ुद को ऐहतियात करता हूँ।

कितना ख़याल रखती है तू मेरा हर रोज़;

मैं हर सुबह उठकर यही ख़यालात करता हूँ।

दिन रात मुझे नचाकर, तू कलाकारी करती है;

ख़ुद को तुझे सौंपकर, मैं करामात करता हूँ।

तू ही मेरी सच्ची शरीक-ए-सफ़र है;

मैं तुझ ही को अपनी शरीक-ए-हयात करता हूँ।

दीदार-ए-कायनात के बाद तुझ ही को मैं;

अजाइब ओ अशरफ़ उल मख़्लूक़ात करता हूँ।

बातें मेरी सुनकर, मज़े क्या ले रहे हो 'माणिक';

मैं रोज़ाना अपनी ज़िंदगी से यही बात करता हूँ।

* * *

बड़े तस्कीन, मुतमइन, राहत, सुकून, तसल्ली और
इत्मीनान से हैं हम;
हमे फ़ख़्र, गुरूर, गुमान और गर्व है इस बात का के
हिन्दुस्तान से है हम।
एक दोस्त को अपना मानकर बड़े ख़ुशी से उनसे मदद
लिए थे कभी;
आज मालूम चला के पैरों तले दबे उनके एहसान से है हम।
आँखों से ख़ून और दिल से आँसू निकल रहा है आज ये
जानकर;
जिन एहबाबों को फरिश्ता समझा था उनके लिए महज़
मेहमान से है हम।
हमको बेटा, भाई, पापा, दोस्त, दादा, शागिर्द, शहरी कहने
वाले लोग ही थे;
ना जाने लोग ख़ूनी कैसे बन जाते हैं जब हमसे इंसान नहीं
इंसान से है हम।

और ये 'माणिक' जिस मुल्क का बाशिंदा है ऐसे हिंदुस्तान
को सजदा करती है दुनिया;
हमको बेघर करने वालों के परख़चे उड़ गए आखिर 140
करोड़ हीरों के ख़ानदान से है हम।

* * *

सुबह से शाम तक काम करते-करते जब थक जान-ए-जिगर
जाता है;

तब भूख ओ प्यास की आस लेकर, वो बेचारा अपने घर
जाता है।

और बैठकर जब बड़े इत्मीनान से खाना खाता है कोई बेटा;

तो अपने जान-ए-जिगर का सुकून देखकर ही माँ का पेट
भर जाता है।

ऐसा बेजोड़ तसल्ली ओ हिफ़ाज़त बड़ो के नसीब में कहाँ;

जो माँ के आँचल में मिलता है जब-जब कोई बच्चा डर
जाता है।

जो लोग माँ के आँखों में आँसू लाते हैं वो ये जान ले;

उनके ज़िंदगी का तमाम सवाब उनके हक़ से उतर जाता है।

माँ के अनमोल प्यार को कौन से अल्फ़ाज़ ज़िक्र-ए-मुकम्मल
कर पाएँगे;

जब ऐसी मोहब्बत को देखकर 'माणिक' ख़ुदा के आँखों में
भी पानी भर जाता है।

* * *

33

हम जहाँ रहते हैं हम वो स्थान थोड़ी छोड़ देंगे;

सब कुछ छोड़कर भी हम अपना इमान थोड़ी छोड़ देंगे।

भले से दो रोटियाँ कम खा लेंगे, मंज़ूर है;

मगर जहाँ खाते हैं ख़ुशी से वो दस्तरख़ान थोड़ी छोड़ देंगे।

ज़्यादा से ज़्यादा जीभ ही काटेगा ना, काट ले;

मेरे धड़कन गुनगुनाना राष्ट्रगान थोड़ी छोड़ देंगे।

कैसे तू मुझको मोहब्बत से जुदा कर देगा;

जान देकर भी हम अपना जान थोड़ी छोड़ देंगे।

मारने से ज़्यादा तेरी औकात भी कुछ नहीं लेकिन;

मरकर भी हम अपना हिन्दुस्तान थोड़ी छोड़ देंगे।

'माणिक' से डरकर भागके कहाँ तक जाओगे;

तुमको सरहद पर मेरे पूजनीय जवान थोड़ी छोड़ देंगे।

* * *

आपके स्पर्श को पाकर पवन कितने कृतज्ञ हो गए;

आपके दर्शन मात्र से फूल कितने भव्य हो गए।

ये उजाले भी कितने फ़ीके लग रहे थे;

परन्तु आपके उपयोग में आकर कितने दिव्य हो गए।

हमारा जो कभी शिष्टाचार से मिलन नहीं हुआ था;

आपके सानिध्य में रहकर के कितने सभ्य हो गए।

ये विश्व को कितना स्व समझ बैठे थे हम;

किन्तु आपके निकट आकर संसार से अन्य हो गए।

आपने तो सदा समान्य वस्तु ही छुआ है;

लेकिन आपका स्पर्श पाकर सभी पदार्थ अनन्य हो गए।

और 'माणिक' की क्या ही योग्यता थी इस जगत में किन्तु;

आपकी प्रशंसा के प्रयास मात्र से ही कितने धन्य हो गए।

* * *

थक जाता हूँ मैं सुबह से शाम तक, हिन्दुस्तान हिन्दुस्तान करते करते;

और एक आप हैं कि थकते ही नहीं हैं, हिंदू मुसलमान करते करते।

ऐसा गुनाह-ए-अज़ीम करके ख़ुद को देशभक्त बताते हैं जनाब;

सुधर जाईए वरना देर नहीं लगेगा, आपको कुछ दिनों का मेहमान करते करते।

कितने ख़ुदग़रज़ हैं हम जो अपने ही मुल्क को भला-बुरा कहते हैं;

कितने महान हैं फ़ौजी जिनको क्षण नहीं लगता है, देश के नाम दिल ओ जान करते करते।

काम कैसे करेगी वो सरकार, कुर्सी पर बैठकर थक जाती है बेचारी;

जो चुनाव के पहले थकती नहीं थी मीलों चलकर, अपने वादों का एलान करते करते।

ऊपर वाला बहुत मदद करता है 'माणिक' देखने के लिए
नज़र होनी चाहिए;
बुरे आदतों को अभी छोड़ दो बेटा, अन्यथा रह जाना हाय
भगवान करते करते।

* * *

36

आजकल गुलों की मख़मली पंखुड़ियों पर कहाँ शबनम
मिलते हैं;

आजकल ये ज़ख़्म, तकलीफ़, दर्द को कहाँ मलहम मिलते हैं।

ये क़लम, कागज़, अल्फाज़ तमाम कितने रूठे बैठे हैं;

आजकल लोगों के सैलाब में कहाँ सुख़नफ़हम मिलते हैं।

शायरी के होठों पर सुकून बख़ूबी सजती है;

शायरी और सुकून क़दम से क़दम मिलते हैं।

हम शायरों की औकात नापना चाहती है ओ दुनिया;

तो देख लेना उस दिन जब-जब कागज़ से क़लम मिलते हैं।

पहलवानों और बादशाहों में भी वो ताक़त नहीं मिलती;

जितना शायरों के अल्फाज़ ओ लहजे में दम मिलते हैं।

कोई ये कहे या ना कहे मगर ये बात सदाक़त है;

हमे मज़ा नहीं आता जब शेरों पर दाद कम मिलते हैं।

और शायरों को सुनना तो ख़ुशनसीबी होती है 'माणिक';

ख़ूब सवाब कमाते हैं लोग तब जाकर उनको हम मिलते हैं।

* * *

कामयाबी, जन्नत, मोहब्बत, तबस्सुम और ये पूरा आसमान छू लेगा;

पिता के पावन चरणों को ज़रा छू के देख, तू सारा जहान छू लेगा।

ख़ौफ़नाक ग़म की आँधी चले या लाख समुंदर में लहर उठे;

मेरा बाप चट्टान की तरह खड़ा है फ़िर कैसे मुझे कोई तूफ़ान छू लेगा।

मेरे हर एक चीज़ की क़ीमत लगाकर भी तुम हार गए मेरे दोस्त;

आख़िर दौलत की क्या औक़ात के वो मेरा इमान छू लेगा।

मेरी ख़ौफ़ पहरा देती है हमेशा मेरे घर के बाहर;

तो मेरी ग़ैरमौजूदगी में थोड़े ना कोई मेरा ख़ानदान छू लेगा।

आँधी की भी इतनी हिम्मत नहीं कि खिले हुए फूल को मुर्झा सके;

मैं भी तो देखूँ मेरे होते हुए ग़म कैसे आपके होठों की मुस्कान छू लेगा।

उसके धड़कनों में मयस्सर लहू के हर कतरों की धज्जियाँ
ना उड़ जाए;
ज़ालिमों की क्या औक़ात के जवानों के होते हुए वो मेरा
हिन्दुस्तान छू लेगा।

* * *

दिल से चोटिल होकर ही क्यों समझते हैं;

हर कोई ये बात रोकर ही क्यों समझते हैं।

ना जाने परिवार की क़ीमत को लोग;

किसी अपने को खोकर ही क्यों समझते हैं।

अपने दिन भर के ग़लतियों का एहसास;

लोग बिस्तर पर सोकर ही क्यों समझते हैं।

वो तो हमें ख़ुशी की क़ीमत बताती हैं;

लोग ग़म को ज़िंदगी का ठोकर ही क्यों समझते हैं।

कम से कम वो चेहरे के हँसी का सबब तो बने;

लोग फ़नकारों को जोकर ही क्यों समझते हैं।

क्यों ज़िम्मेदारियों को लोग उम्र के साथ जान नहीं पाते;

उम्र को लोग ज़िम्मेदारियाँ ढ़ोकर ही क्यों समझते हैं।

मेरे जोड़े हुए हाँथों को भी दुनिया नहीं देख पाती;

मेरी हँसी के पीछे का दर्द को मात्र डोकर ही क्यों समझते हैं।

संतुष्ट नींद का आनंद जीवन में क्यों कोई नहीं जानते 'माणिक';

इस मज़े को लोग ज़िंदगी से हाँथ धोकर ही क्यों समझते हैं।

* * *

जब-जब सुख के आशियाने में रहता हूँ तब-तब ज़ोम याद आता है;

जब दर्द ओ दुःख के दुलार में रहता हूँ तब ओम याद आता है।

और ये सेवन स्टार, फ़ाइव स्टार तमाम की क़द्र घट जाती है;

जब जब दुनिया के किसी भी कोने में अपना होम स्वीट होम याद आता है।

जब वो मेरे पास था तब उसे जानने की कभी फ़िक्र ना हुई;

फ़िर क्यूँ उसकी ग़ैरमौजूदगी में मुझे उसका रोम-रोम याद आता है।

वो चाहे दुनिया के कितने भी बड़े दिग्गज या विद्वान ही क्यों ना हों;

गुनाह या तनाव में सभी को अपने ज्ञान का विलोम याद आता है।

दुनिया के तमाम अल्फ़ाज़-ए-तारीफ़ के पीछे आज़ छुपा बैठा था;

मगर माँ मुझे बड़े प्यार से बुलाती थी वो शब्द मुझे "मेरा डोम" याद आता है।

जब-जब किसी बिटिया का दिल-ए-मोमबत्ती जलता है 'माणिक';

माँ नहीं, बाप के आँखों से टपकता हुआ मोम याद आता है।

* * *

40

ये दुनिया या जहन्नुम मेरा अगला स्थान थोड़ी है;

मेरे कब्ज़े में अल्फाज़ों का टूटा-फूटा खान थोड़ी है।

बेशक़ ये सौदा बढ़िया है मोहतरमा मगर;

बिकने को तैयार मेरा दिल ओ जान थोड़ी है।

मेरे मीठे दर्द का एहसास लेना मुश्क़िल है आज;

लोगों को सुकून बख़्शने का हर किसी का इम्तिहान
थोड़ी है।

इस ख़रीदी में कहीं आपका प्राण तक ना बिक जाए हुज़ूर;

आखिर इतना सस्ता मेरा इमान थोड़ी है।

ख़ुशी ओ मोहब्बत से इमदाद करते हैं सबको;

किसी का मेरे ऊपर एहसान थोड़ी है।

जहाँ मेरा तीर लगे समझो वही निशाना है;

तुम्हारे हाथ में मेरी कमान थोड़ी है।

ऊपर से तो दरिया या समुंदर सब एक जैसे दिखते हैं;

लेकिन सब के पास मेरा अहद-ए-ज़ुबान थोड़ी है।

इस आग में रोज़ाना कोई ना कोई कूदते रहते हैं;

मगर मयंक 'माणिक' बन जाना इतना आसान थोड़ी है।
और दुनिया में भी एक जन्नत है जहाँ सिर्फ़ भारतीय
रहते हैं;
यहाँ कोई भी ईसाई, सिख, हिंदू या मुसलमान थोड़ी है।

* * *

41

लोग अँधेरे फ़लक को रात सिखा रहे हैं;

काले बादल को लोग बरसात सिखा रहे हैं।

जिनका हैसियत कल मैंने बनाया था;

आज वही लोग मुझे मेरा औकात सिखा रहे हैं।

सच्चाई पढ़ाने वाले मेरे कुछ पुण्यात्मा;

आज मलाइकों को तालीम-ए-जिन्नात सिखा रहे हैं।

जिनको सलीका नहीं है मास्क पहनने का;

वो लोग सावधानी को ऐहतियात सिखा रहे हैं।

फ़िर से अशरफ़-उल-मख़्लुकात कैसे बने;

ये हर इंसानों को बाक़ी मख़्लुकात सिखा रहे हैं।

आप तो जन्नत, दुनिया, जहन्नुम सिखा रहे थे;

हम तो फ़क़त एक कायनात सिखा रहे हैं।

आप ही ने तो किया है हालात को मुश्क़िल;

अब आप ही इलाज-ए-मुश्क़िल-ए-हालात सिखा रहे हैं।

जिनसे मिलने को मैं बरसों से तरस गया;

वो मसरूफ़ दुनिया को मज़मूँ-ए-मुलाक़ात सिखा रहे हैं।

कैसा मकतब है मुँह का जहाँ बोलना;

मुर्शिद-ए-ज़ुबान को मुरीद-ए-दाँत सिखा रहे हैं।

अजब नहीं ग़ज़ब हैं यार कुछ वज़ीर;

ये तो संविधान को भी मज़हब ओ ज़ात सिखा रहे हैं।

सचमुच ज़माना कितना बदल गया है 'माणिक';

देखो तो, अब बच्चे बुज़ुर्गों को हयात सिखा रहे हैं।

* * *

मैंने धोखेबाज़ी को अपने साथ चलते हुए देखा है;
मैंने अच्छाई की कमी को खलते हुए देखा है।

वो दिन गए जब लोगों का मन और वचन सच्चा था;
आज बेइमानी की आग में वफ़ा को गलते हुए देखा है।

जिन एहबाबों से बड़ा मोहब्बत किया था मैंने;
अपनी कामयाबी से उन्हीं लोगों को जलते हुए देखा है।

जिस सूरज से आज बड़े शौक़ से मैंने हाँथ मिलाया था;
शाम होते ही उसी सूरज को मैंने ढलते हुए देखा है।

जो लोग कोमलता, मधुरता, शीतलता की बात करते हैं;
ज़रा सी मज़ाक में उनके दिमाग़ को उबलते हुए देखा है।

ये दुनिया में अच्छाई देर तक किसके गिरफ़त में रहती है;
मैंने तो अच्छे-अच्छों को बदलते हुए देखा है।

बेवक़ूफ़ हो 'माणिक' जो ऐतबार ओ इश्क़ करते हो सबसे;
आजकल इन हथियारों से तो सबको सँभलते हुए देखा है।

* * *

वो बुढ़ापा ही क्या जिसके ज़हन में छोटे के लिए आबरू
ना हो;

वो बचपना ही क्या जिसमें खिलौने पाने की आरज़ू ना हो।

यूँ तो मैं व्यापारी नहीं मगर नफ़ा-नुकसान समझता हूँ;

वैसे मुलाक़ात का क्या फ़ायदा जो कभी रूबरू ना हो।

लोग कहते हैं कि ख़ुदा को किसी ने नहीं देखा मगर;

उस ख़ुदा की कसम जो ख़ुदा भी आप ही की तरह हूबहू
ना हो।

ये ऐसे-वैसे अपना मुँह फुलाकर कबतक बैठे रहोगे;

दिल का गुबार कैसे निकले जब तलक आपस में गुफ़्तगू
ना हो।

अपने महबूब, अपने माशूक़ के लिए, इतनी कुर्बानी, इतना
त्याग;

रिश्तों में मिठास कैसे रहेगी जब तक मन में थोड़ी जुस्तजू
ना हो।

वैसे सोचूँ तो तेरे एक इशारे पर मौत को भी गले लगा लूँ;

ऐसे सोचूँ तो क्या ही फ़ायदा जब साथ में मेरे तू ना हो।

फ़ासलों से तो कोह-ए-हयात चढ़ना बड़ा आसाँ दिखता है;

लेकिन चढ़ाई कैसे हो जब तक साथ में छड़ी रूपी
गुरू ना हो।

ये इतना दूर का, इतना आगे का हमेशा क्यों सोचते हैं आप;

जनाब, काम मुकम्मल कैसे होगी जब तक वो काम कभी शुरू ना हो।

इस रास्ते जितनी तेज़ी से आती उतनी तेज़ी से जाती है 'माणिक';

वैसे दौलत का भी क्या फ़ायदा जिसमें पसीने की ख़ुशबू ना हो।

* * *

44

कामयाबी हासिल करोगे तब जाकर के पीछे ये ख़ुदग़र्ज़
ज़माना पड़ता है;

बुज़ुर्गों का हाथ सर पर हो तो कभी भी इज्ज़त नहीं गवाँना
पड़ता है।

कोई तनाव ही नहीं होता सरल और सीधा जीवन जीने में;
क्योंकि ऐसी ज़िंदगी में दुनिया को फ़ालतू के चोचले नहीं
दिखाना पड़ता है।

फ़र्माइश करने में कुछ भी नहीं लगता है जान-ए-मन;
मगर ये भी जान लो के उन्हें पूरा करने के लिए कमाना
पड़ता है।

और ये दुनिया का उसूल है के बिना मेहनत के कुछ नहीं
मिलता;

ये कमाई करने के लिए तो दिन-रात पसीने बहाना पड़ता है।

देखो हम ये कर लिए, वो कर लिए, ना जाने क्या-क्या कर
लिए;

भाईसाहब इतना करने का भी क्या फ़ायदा जो आपको हर
बार काम जताना पड़ता है।

तजुर्बा हासिल करना कोई बच्चों का खेल नहीं;
उसके लिए तो ज़िंदगी के रंग से ज़ुल्फ़े सफ़ेद करवाना
पड़ता है।

अगर सीने में जिगर हो तो फ़ौजी बनने की बात करो;
जवान बनने के लिए तो ग़द्दारों के सीने में तिरंगा लहराना
पड़ता है।

आईना देखने में वो मज़ा कहाँ जो आईना बनने में है;
लेकिन ऐसी कलाकारी के लिए तो अपने किरदार को
बेहतरीन बनाना पड़ता है।

इश्क़ करना है तो हाँथ आसमान तक पहुँचने चाहिए;
मोहब्बत के दुनिया में तो चाँद सितारे तक तोड़ कर लाना
पड़ता है।

किसी की क्या हिम्मत जो इस बात को ग़लत कहे;
जो माँ-बाप से मार खाते हैं उन्हें दुनिया का मार नहीं
खाना पड़ता है।

और दौलत ओ शोहरत की राह में अंधे मत हो जाना
'माणिक';
जब रब का बुलावा आता है तो सब कुछ यहीं छोड़कर
जाना पड़ता है।

* * *

मैदान में उतरने के लिए पहले मोहब्बत का रट लगता है;

फ़िर मोहब्बत को जीतने के लिए मेहनत जमघट लगता है।

मुझको तो जल्दबाज़ी में भी आराम मयस्सर है;

हुज़ूर का तो आराम में भी धड़कन झटपट लगता है।

सिर्फ़ सीधेपन से नहीं, थोड़ा टेढ़ा भी होना पड़ता है;

आखिर मज़े से सोने के लिए भी एक करवट लगता है।

वालिदैन आज भी मेरे लिए इस्त्री का काम करते हैं;

जब जब मुझे अपने चेहरे के ऊपर सिलवट लगता है।

उम्रें निकल जाती है 'माणिक', रिश्तों की डोर खींचते खींचते;

संबंध ख़राब करने के लिए तो महज़ एक मिनट लगता है।

* * *

बुलंदी क्या है ये इमारत देखने पर पता चला;

ख़ूबसूरती क्या है ये क़ुदरत देखने पर पता चला।

अदब ओ तहज़ीब के क़ुतुबख़ाने भी थक गए;

बचपन क्या है ये शरारत देखने पर पता चला।

जिसे हम तलाश रहे थे आग़ाज़-ए-जवानी से;

ख़ुदा कहा है ये इबादत देखने पर पता चला।

उनका हुस्न जहाँ ख़त्म वहीं से शुरू भी होता है;

अज़ल क्या है ये क़यामत देखने पर पता चला।

फ़ेहरिस्त में ख़ुलूस सबसे आखिरी पायदान पर था;

लड़का कैसा है ये अमानत देखने पर पता चला।

गुंडों के आँखों में भी कभी-कभी दिख जाती है रहम;

जहन्नुम क्या है ये कानून ओ अदालत देखने पर पता चला।

गठीले बदन वाले पहलवान भी कितने ज़ईफ़ निकले;

ताक़त क्या है ये दौलत देखने पर पता चला।

बेआबरू का परिंदा कितना ही ऊँचा उड़ पाता;

ज़िंदगी क्या है ये इज्ज़त देखने पर पता चला।

सत्तर में तीस घटाया तब जाकर चालीस जाना;

शौक़ कितना है ये ज़रूरत देखने पर पता चला।

आँखों से देखते-देखते ना जाने कब अक्ल से देखने लगे;

फ़ितरत क्या है ये आदत देखने पर पता चला।

व्यावहार ओ किरदार की आजकल कोई क़ीमत नहीं;

शादी क्या है ये दावत देखने पर पता चला।

उन आँखों को देख पाना इन आँखों से मुमकिन नहीं;

मोहब्बत क्या है ये मोहब्बत देखने पर पता चला।

बेवजह पता नहीं कितने लोग फ़ना हो गए;

जन्नत कहाँ है ये भारत देखने पर पता चला।

मेरी ज़बान नहीं ज़हमत उठाती लोगों को बतलाने की;

'माणिक' क्या है ये शोहरत देखने पर पता चला।

* * *

मैं हर मख़्लुक़ात के होठों की मुस्कान बनना चाहता हूँ;

मैं छोटे बच्चों के लिए खिलौनों की दुकान बनना चाहता हूँ।

कड़वा बोलकर के ना जाने कब ख़ुद करेला बन गया;

अब तो किसी दरवेश के मुँह का लिसान बनना चाहता हूँ।

जिस तरह से मैं बचपन से अपनी माँ का था;

ठीक वैसे ही मैं किसी दूसरे का भी जान बनना चाहता हूँ।

जैसे एक तीली काले कमरे को रौशन कर देती है;

वैसे ही किसी की अंधेरी ज़िंदगी में मैं रोशनदान बनना
चाहता हूँ।

जो खड़े पेड़ों को जड़ों से उखाड़ देती है वो है आँधी;

मैं तो किसी फ़ौलाद के रगों में दौड़ने वाला तूफ़ान बनना
चाहता हूँ।

बादशाहों का बिकाऊ ताज बनकर मैं क्या करूँगा;

मैं तो किसी ग़रीब का बेशक़ीमती ईमान बनना चाहता हूँ।

ज़माने का खोखला महल ज़माने को ही मुबारक;

जिसपर परिवार साथ खाते है मैं तो वो दस्तरख़ान बनना
चाहता हूँ।

जैसे रोज़ाना ये आसमाँ ख़ुर्शीद का ख़ुश-आमदीद करता है;

मैं बिल्कुल वैसे ही किसी के यहाँ का मेहमान बनना
चाहता हूँ।

कोयल की कूक बनूँ और हाथी की ताक़त बनूँ;
गिलहरी के पीठ पर तीन उँगलियों का मैं निशान बनना
चाहता हूँ।
किसी के लिए बनूँ तो हमेशा मदद के तौर पर;
मैं कभी नहीं किसी के लिए एहसान बनना चाहता हूँ।
कठिन, मुश्किल, संगीन, सख़्त, करख़्त न बनकर के;
मैं हर को ख़ुशी देने वाला काम-ए-आसान बनना चाहता हूँ।
फ़र्ज़ी तसल्ली की दीदार बहुत कर ली अबतक मैंने;
अब इबादत के बाद ज़हन में पनपने वाला इत्मीनान बनना
चाहता हूँ।
कुदाल जब भी कोई चलाता था क्रोध निकलता था मेरे
अन्दर से;
मुझे खोदने वालों के लिए अब मैं हँसी का खान बनना
चाहता हूँ।
बादशाह बनकर सब पर बहुत हुक़ूमत कर ली मैंने;
अब मैं किसी के मोहब्बत का दरबान बनना चाहता हूँ।
और 'माणिक' की एक दुआ क़ुबूल कर ले ऐ ख़ुदा;
इंसान होते हुए भी मैं बस एक इंसान बनना चाहता हूँ।

* * *

48

सवाब कमाने के बाद ख़ुद सवाब खाने लगे;
अहिंसा का पाठ पढ़ के आए और कबाब खाने लगे।

लाखों भलाई करी उसकी कोई क़ीमत नहीं;
सिर्फ़ एक बार मना किया तो ताव खाने लगे।

विकास का भोजन बख़ूबी परोसने के लिए;
अमीर-ए-शहर वाले तो मेरा गाँव खाने लगे।

मासूमियत की हद तो बच्चों की खेल में दिखी;
जो अपनी जीत की धुन में दूसरों का दाँव खाने लगे।

ख़ुद ज़मीं पर रहकर बाक़ियों को उठाने के लिए;
जिस्म का सारा बोझ ये पाँव खाने लगे।

उधर दवा दिया, इधर जता दिया;
मदद करके आए और भाव खाने लगे।

जिसने एक दफ़ा आँधी अपने आँखों से मोड़ा था;
वो शेख़ीख़ोर अब बाद-ए-सबा से भी दबाव खाने लगे।

अस्प-ए-वक़्त पर कौन आजतक लगाम कस पाया है;
ये सफ़ेद ज़ुल्फ़ें तो चुपचाप से शबाब खाने लगे।

बड़ो से ख़ासकर तब ज़ुबान लड़ाना छोड़ ही देना;
जब वो बिना इख़्तिलाफ़ के तुम्हारा जवाब खाने लगे।

सम्पत्ति का सबसे उचित उपयोग तो एक ये है के;

दौलत के भोजनालय से लोग किताब खाने लगे।
अपनों की ख़ुशी के ख़ातिर कभी भरपेट खाया नहीं;
आज मेरे हक़ की कमाई भी मेरे एहबाब खाने लगे।
मेहमाननवाज़ी ने बड़ी चाव से मेरी कमाई खाई;
और मेरे जिस्म की ताक़त को उनके असबाब खाने लगे।
पाई-पाई का लेखा-जोखा पहले रखता था मैं;
मगर मेरे बच्चों की हँसी तो अब मेरा हिसाब खाने लगे।
कुछ लोगों से दो-चार बातें क्या कर ली मैंने;
वो उल-जुलूल सवाल पूछकर के मेरा दिमाग़ खाने लगे।
और तुम भी अब सुख़नफ़हम कहाँ रहे 'माणिक';
अर्ज़-ए-सुख़न करने के जगह तुम अब दाद खाने लगे।

* * *

49

अपने शजरे में से सबज़ा चुनना नहीं चाहता;

ये परिंदा इल्म का दाना चुगना नहीं चाहता।

अपने ज़बान से शिकार करता है सबका;

मगर पूछो तो किसी को भी चुभना नहीं चाहता।

ज़माने में शोहरत खोजने लगा है ज़ोरों से;

लेकिन ख़ुद को कभी भी ढूंढ़ना नहीं चाहता।

बग़ैर मरज़ का पीरी ही होता है तिफ़्ली और;

बुढ़ापा वो बचपन है जो झुनझुना नहीं चाहता।

या तो है पूरा आतिश या तो है बिल्कुल बर्फ़;

लहू अपना तासीर कभी गुनगुना नहीं चाहता।

कचरा फ़ैलाता तो ये हाँथ है यार;

मुँह कभी भी सड़क पर थूकना नहीं चाहता।

नूर-ए-शम्स के दम पर इतराता रहता है;

क़मर ख़ुद से अपना कामयाबी बुनना नहीं चाहता।

थका हुआ दिल तो कब से आराम चाहता है;

मगर ये धड़कन एक पल के लिए भी रुकना नहीं चाहता।

सोने और कुंदन का मिसाल तो औरों के लिए है;

कोई ख़ुद मेहनत की आग में कूदना नहीं चाहता।

इतना हितकारी है कि सबको उपदेश देता है;

बस ये हित कभी भी अपना नहीं चाहता।

जागा रहता है हर वक़्त सपने में;

सिर्फ़ सपने से ये कभी जगना नहीं चाहता।

जिनसे चलने की भी तवक़्क़ो नहीं है ज़माने को;

वो ज़िंदगी की दौड़ में कभी थकना नहीं चाहता।

दरमियाँ-ए-समुंदर-ए-हयात में, फँसा है जो;

वो नाव किसी के भी बहकावे में बहना नहीं चाहता।

ग़ैरों के लिए भी जो धूप में तपता था पहले;

उसका जिस्म तो अब अपना भी दर्द सहना नहीं चाहता।

क्षमा की उम्मीद रखता है वो सबसे;

जो ख़ुद के मुँह से कभी माफ़ी कहना नहीं चाहता।

दूसरों से हमेशा दुखता है ये दिल;

ये दिल कभी भी दूसरों के लिए दुखना नहीं चाहता।

उसकी तारीफ़ ना करो तब भी चलेगा उसे;

मगर इंसान कभी अपनी कमी सुनना नहीं चाहता।

और अपने गुनाहों का एहसास तो हो चुका है 'माणिक';

मगर ये जो सिर है किसी के भी आगे झुकना नहीं चाहता।

* * *

50

पहले ख़ुद पर उधारी का मर्ज़ करके;

अब थक गया हूँ अदा अपना कर्ज़ करके।

क़ैद-ए-ज़िम्मेदारी से रिहा हो चुका हूँ;

आपके हर एक लफ्ज़ों को अपना फ़र्ज़ करके।

ख़ुश होने लगा हूँ अपनी मुरव्वत के हार पर;

दौलत की फ़ेहरिस्त में अपना नाम दर्ज करके।

ऐ धड़कन! तरस गया है दिल तेरे लिए;

कब तक बैठी रहेगी ख़ुद को ख़ुदग़र्ज़ करके।

ये बवंडर मेरा ख़ाक कुछ भी बिगाड़ लेगा;

खड़ा हूँ मैं भी यहाँ तूफानों जैसा तर्ज़ करके।

हारी हुई ये दुनिया अब चली थी 'माणिक' का अंदाज़ा लगाने;

जीत लिया मैंने उनका दिल सिर्फ़ एक ग़ज़ल अर्ज़ करके।

* * *

नज़्म

1. लफ़्ज़ों में नाक़ाबिल-ए-बयाँ

दुनिया में जितने भी झील ओ दरिया ओ समंदर मिले हैं;

तमाम मुझे आपके इन हसीन आँखों के अंदर मिले हैं।

इन ख़ुबसूरत आँखों के पीछे क्या है, ये कोई भी ना झाँक

सका;

आपकी आँखों में कितनी गहराई हैं, ये ख़ुदा भी ना नाप

सका।

सब जानते हैं कि आपके साँसों कोई ग़ज़ल या तरन्नुम या

कोई इशारा बहता हैं;

उस रब की आवाज़ में मैं कह रहा हूँ, आपके अश्कों में

सितारा बहता हैं।

जब से आपके इन पलकों को देखा, लगा मानो मेरी

क़िस्मत में बरकत हुआ हैं;

मुझे मोहब्बत का फाँसी दे देना, अगर आपका तारीफ़

करना इस नाचीज़ से गुनाह-ए-हरकत हुआ हैं।

वो आसमाँ से आयीं हैं आप, ये बादल बता रहे है;

कितने क़िस्मत वाले हैं वो, ये आपके काजल बता रहे हैं।

मेरे बड़े पूछने पर उन काजलों ने मुझे अपनी क़िस्मत का

राज़ बतलाया हैं;

के आपने उन्हें अपने इन्हीं सुन्दर हाथों से, बड़े ख़ुबसूरती से लगाया हैं।

सितारे, हवा, पशु, पक्षी, जन्नत, ना जाने कौन-कौन आपकी ताक में बैठा है;

कभी उस ख़ुदा ने अपने हाथों से नगीना बनाया था, वो आपकी नाक में बैठा है।

फ़ासलों से देखा तो आपसे नूर आ रहा था, लोगों ने इसे इत्तिफाक़ कह दिया;

क़ुर्बत में जाना के आपके चेहरे पर चाँद बैठा था, जिसे लोगों ने महज़ एक नाक कह दिया।

इन्द्रधनुष को फ़ीका कर दे, धरती पर किसने ऐसा चमत्कार किया है;

इतनी सौन्दर्यता से जड़ी भावों को देखकर, वो बादल भी आपको नमस्कार किया है।

उनके कानों की जो घाटी थी, उन्हीं से बहता स्वर्ग का झरना है;

इतनी तो ख़ुशनसीबी मुझे बख़्शना ऐ ख़ुदा! मुझे इन्हीं में डूब कर मरना है।

आपके इन दो अनमोल रत्नों को, दुनिया में कान ज़रूर कहते हैं;

मगर हमारे निगाह से देखे दुनिया, तो हम इन्हें ही
कोह-ए-नूर कहते हैं।

सूरज भी अपना चाल बदलता है, आपके चालों को देखकर;
आखिर धूप जो मर मिटा है, आपके गालों को देखकर।

ख़्वाब में जब लगा कि ग़ुरबत-ए-उल्फ़त मुझे घेर रहा है;
आँख खुली तो देखा, आपका साफ़ ओ शफ़्फ़ाफ़ गाल नूर
बिखेर रहा है।

ये तो क़ीमत है, क्या हैसियत है इन सिक्के और नोटों की;
मेरे पास तो शब्द नहीं है, कैसे तारीफ़ करू मैं आपके इन
होठों की।

वो ख़ून मुझे डरा रहा था, मगर उसमे भी वो बात नहीं
लगती है;
उस लहू में भी वैसी सना नहीं, जितनी आपके होठों से
झलकती है।

मेरे देश की कोई भी नदी हो, चाहे वो बंगाल, मद्रास,
पंजाब या सिंध से निकालती है;
उनके भी दिल को मोहित कर रखा है उस आवाज़ ने जो
आपके मुखारविंद से निकालती है।

दुनिया की तो छोड़ो, ख़ुदा ने भी बड़े हिफ़ाज़त से जिसपर
दीवान लिख रखा है;

महजबीन, दिलकश, जमील, और ना जाने क्या-क्या आपकी पेशानी पर नाम लिख रखा है।

कैसे जुर्रत करूं मैं कुछ कहने की, आपकी निशानी के बारे में;

इस गुलाम की क्या औक़ात की कुछ कह दे आपकी पेशानी के बारे में।

हक़ीक़त में तो मुमकिन ही नहीं, ज़रूर किसी ख़ास ने कोई कमाल किया है;

लगता है किसी ने अपनी छड़ी घुमाई, और आपको ये जादुई बाल दिया है।

ज़ुल्फ़े जब बंधी हुई थी, तब लगा की वक़्त के काँटों को रोक दिया जाए;

और ज़ुल्फ़े जब लहराने लगी, तो जेल के क़ैदियों को छोड़ दिया जाए।

ये तमाम दुनिया आपके चेहरे की ख़ुबसूरती के ख़ुमार में है;

अब आप ही इलाज कीजिए, जब से आपको देखा है, ये नन्हा सा दिल बुखार में है।

आपके मुखमंडल के दीदार का, रोज़ाना मन्नत माँगती होगी;

दुनिया की तो हैसियत ही नहीं, ये ख़्वाहिश तो जन्नत माँगती होगी।

ये गुनाहेगार आखें इस दिल ओ दिमाग़ को आपके हुस्न का इश्तिहार कर बैठे हैं;

कसम उस ख़ुदा की, आपके तबस्सुम पर हम अपना जान भी निसार कर बैठे हैं।

इसके महरूमियत से फ़ैल जाती, हर तरफ़ वबा-ए-तड़पन है; ओ परी! ये जो आपके दिल का नग़मा है, ये महज़ आपकी नहीं पूरे क़ायनात की धड़कन है।

आपके इतने से इनायत से, बीमार तक दुरुस्त हो जाते हैं; जब-जब उनके ज़ख़्म को स्पर्श, आपके अंगुश्त हो जाते हैं।

आपके झलक को पाकर, अच्छे-अच्छों का ख़त्म हो गया बैर है;

ऊपर देखने की मुझे इजाज़त ही नहीं, जिसे मैं सुकून से निहार सकता हूँ वो आपका तौफ़ीक़-ए-पैर है।

हाथ, पैर, कमर, नाख़ुन और कंधा देखता ही रह गया; ख़ुदा के ऐसे करिश्मे को, ये बंदा देखता ही रह गया।

अजायबघर और कुतुबख़ाने भी जवाब ना दे पाए, कि आखिर ये हुस्न किस किस्म की है;

जो तसव्वुर ओ ताबीर भरी, निहायती ख़ुबसूरत बनावट इस जिस्म की है।

दुनिया-ए-जिस्म और जन्नत-ए-चेहरे के अफ़साने का सिलसिला है ये;

दुनिया को जो जन्नत से जोड़ दे, इतने ख़्वाबो ओ राज़ो से भरा गला है ये।

सोचता हूँ आपके जवानी को शबाब और इस हिकायत को अफ़साना कह दूँ;

आपके इस संगमरमर-ए-दिलकश अदाओं को, अंदाज़-ए-शायराना कह दूँ।

अगर ऐसी ख़ुबसूरती का तारीफ़ करना गुनाह-ए-अल्फाज़ है; तो माफ़ी चाहूँगा हुज़ूर, मुझे आपके फ़ैसले पर ऐतराज़ है।

और ऐसी शख़्सियत का तौहीन करके आप भी सच्चाई जान ले जनाब;

इस अदालत में मैं गुनहेगार हूँ, उस अदालत में आपसे ख़ुदा नाराज़ है।

किसी भी शब्द में इतना दम नहीं, के आपके सुंदरता को झाँप ले;

उन अल्फ़ाज़ की क्या औकात, के आपकी ख़ूबसूरत को नाप ले।

ऐसी ख़ूबसूरती पर शब्दों का सीमा नहीं लगा पाया ये पूरा जहाँ है;

इसीलिए तो कहता हूँ, साहिबा, आप लफ़्ज़ों में नाक़ाबिल-ए-बयाँ है।

कोई आपका बुराई कर दे, फ़िर उस शख़्स की ख़ैरियत नहीं;
जब आपका तारीफ़ मुकम्मल कर पाना, इस दुनिया की
हैसियत नहीं।

अगर उस रब को घर कहते हैं, तो आज मैंने उसके दिल
का कमरा देख लिया;
सुना तो सबने स्वर्ग के बारे में है, लेकिन आज मैंने
सचमुच एक अप्सरा देख लिया।

नर्क के लोगों के मुख पर भी उस दिन, ख़ुशी आयी होगी;
जिस दिन इस दुनिया में आप जैसी, देवी आयी होगी।

अब मुझे ख़ुशी से मौत को गले लगाने का, इजाज़त
मिला है;
आखिर आपके तौर पर मुझे उस रब का, इनायत मिला है।

दुनिया के तमाम शख़्स आपके हुस्न के साए में, गुम शुदा
हो गए;
लोग कहते कि ख़ुदा ने आपको बनाया, नहीं, आपको
बनाकर के वो ख़ुदा हो गए।

पता नहीं कबतक मैं आपके इनायत से, अपने इश्क़ का
कासा भर पाऊँगा;
मोहतरमा, ना जाने वो दिन कब आएगा, जब मैं आपका
तारीफ़ कर पाऊँगा।

महरूम दुनिया आपका सेवा कैसे करेगी, इसलिए उस
जन्नत ने आपके लिए एक महल बनाया है;
और इस गुस्ताख़ी के लिए इस 'माणिक' को माफ़ कर
देना, जो इसने आपके ख़िदमत में एक ग़ज़ल बनाया है।

* * *

2. हमारे सफ़र की ख़बर पर एक नज़र

बच्चा था तो लगता था मैं अपने पैरों पर खड़ा कब होऊँगा;

जब पैरों पर खड़ा हुआ तो लगता था मैं बड़ा कब होऊँगा।

आज जब बड़ा हो गया तो और बड़े होने का मन नहीं है;

जब तिफ़्ली को जाना तो फ़िर से जीने के लिए बचपन

नहीं है।

दौलत के बीच रहकर भी कितना अकेला था मैं;

भूल चुका था उसको जिसके साथ खेला था मैं।

शोहरत की चक्कर में मेरी कितनी बर्बादी हो चुकी थी;

जब बहन का एहसास हुआ, तबतक उसकी शादी हो

चुकी थी।

स्त्री पाने के लिए मैं दुनिया ये सारी भूल गया;

अपने घर के प्रति मैं अपनी ज़िम्मेदारी भूल गया।

जब जवान था तो मुझे अपने, किसी भी ख़ताओं की

ग्लानि नहीं थी;

जब ग़लतियों पर पछतावा हुआ, तो उसे सुधारने के लिए

जवानी नहीं थी।

माँ से लड़कर के पापा, मेरे ऊपर चिल्लाते भी थे;

अपने आराम से लड़कर मुझे, ऐश ओ आराम दिलाते भी थे।

डाँटकर ही सही, वो मुझे अपनी ज़िंदगी का सारा पाठ पढ़ा
चुके थे;

मुझे जबतक ये बात समझ आयी, पापा मेरी ज़िंदगी से जा
चुके थे।

माँ से सारा प्यार लेकर के उसको दुःख देता था मैं;

अच्छा बेटा ना होकर भी उसका राजा बेटा था मैं।

जब माँ का दुनिया था मैं, तो मुझे अपनी ज़िंदगी में ये
जहाँ चाहिए थी;

और जब ये दुनिया मेरी मुट्ठी में हुई, तो मुझे अपने जीवन
में माँ चाहिए थी।

लगता था मुझे पीरी सबसे अच्छा है, इसमें कुछ काम
नहीं है;

दर्द भरे बुढ़ापे में जाना, यहाँ एक पल का भी आराम नहीं है।

कभी भक्ति नहीं की, जबकी मुझे सारा पढ़ाई आता था;

जब ईश्वर की याद आई, तब मेरे पास सिर्फ़ बुढ़ापा था।

बचपन, बुढ़ापा, पिता, माँ, बहन, जवानी सब चल गईं;

बहुत कुछ पाने की होड़ में, सारी उम्र ही निकल गई।

हर वक़्त भविष्य की लालसा में 'माणिक', तुम अपना

वर्तमान, खो चुके थे;

और जबतक ये बात समझ आई, ज़िंदगी के खाते से दिन

ख़त्म, हो चुके थे।

* * *

3. ख़ुदा से शिकायत

शुक्रिया ऐ ख़ुदा! जो तूने कितने सारे पेड़, घास, शेर, चीते, हिरण, तितलियाँ बनाई;

शुक्रिया ऐ ख़ुदा! जो तूने कितने तरह के चट्टान, पहाड़, शहर, मुल्क और नदियाँ बनाई।

शुक्रिया ऐ ख़ुदा! जो तूने दुनिया में कितनी तरह की इबादतें दी;

शुक्रिया ऐ ख़ुदा! जो तूने हम सबके अंदर तरह-तरह की आदतें दी।

शुक्रिया ऐ ख़ुदा! जो तूने हम इंसानों को इतना प्यार दिया;

शुक्रिया ऐ ख़ुदा! जो तूने सबको इतने लोगों का परिवार दिया।

शुक्रिया ऐ ख़ुदा! जो तूने हमें इतना कमाई दिया;

शुक्रिया ऐ ख़ुदा! जो तूने हमें इतना भाई दिया।

शुक्रिया ऐ ख़ुदा! जो तूने इतने तरह के मामा दिए;

शुक्रिया ऐ ख़ुदा! जो तूने इतने प्यारे-प्यारे दादा दिए।

शुक्रिया ऐ ख़ुदा! जो तूने बड़े, मंझले, सल्ले, छोटे पापा दिए;

शुक्रिया ऐ ख़ुदा! जो तूने इतने सारे ताऊ और चाचा दिए।

शुक्रिया ऐ ख़ुदा! जो तूने कितनी दुआ दी;

शुक्रिया ऐ ख़ुदा! जो तूने इतनी बुआ दी।

शुक्रिया ऐ ख़ुदा! जो तूने बहुत सारी धड़कने दे दी;

शुक्रिया ऐ ख़ुदा! जो तूने ख़्याल रखने के लिए बहने दे दी।

शुक्रिया ऐ ख़ुदा! जो तूने अपने, चचेरे बहुत तरह के नानी
ओ नाना दिए;

शुक्रिया ऐ ख़ुदा! जो तूने फूफ़ा, मामी, दादी और कितने
सारे काका दिए।

शुक्रिया ऐ ख़ुदा! जो तूने घर में चूहें और बिल्लियाँ दी;

शुक्रिया ऐ ख़ुदा! जो तूने हमारे हक़ में बेटे और बेटियाँ दी।

शुक्रिया ऐ ख़ुदा! जो तूने जितनी जीजी उतने जीजे दिए;

शुक्रिया ऐ ख़ुदा! जो तूने साला, बहनोई, भांजीयाँ और
भतीजे दिए।

शुक्रिया ऐ ख़ुदा! जो तूने हमेशा खाने के लिए रोटियाँ दी;

शुक्रिया ऐ ख़ुदा! जो तूने खेलने के लिए नाती और
पोतियाँ दी।

शुक्रिया ऐ ख़ुदा! जो तूने जिस्म में इतनी लहुएँ दी;

शुक्रिया ऐ ख़ुदा! जो तूने हर बेटों से हमे बहुएँ दी।

शुक्रिया ऐ ख़ुदा! जो तूने सास, ससुर, जमाई, देवर, जेठ
दिया;

शुक्रिया ऐ ख़ुदा! जो तूने सभी को मज़ा भरपेट दिया।

शुक्रिया ऐ ख़ुदा! जो तूने इतने दुश्मन ओ दोस्त दिए;

शुक्रिया ऐ ख़ुदा! जो तूने सलीके से जीने के लिए होश दिए।

शुक्रिया ऐ ख़ुदा! जो बहुत आँसुओं के साथ आँखे नम तक
मिल जाती है;

शुक्रिया ऐ ख़ुदा! जो इंतक़ाल या तलाक़ हो अगर तो दूसरी बेग़म तक मिल जाती है।

शुक्रिया ऐ ख़ुदा! जो आप भी बड़े अच्छे, सच्चे, प्यारे और न्यारे हो;

शुक्रिया ऐ ख़ुदा! जो आप भी हर धर्म में, कितने रूप में, बहुत सारे हो।

फिर भी...................

शिकायत तुझसे ये नहीं के क्यों तूने हर चीज़ एक से ज़्यादा दी और काफ़ी नेक दिया;

शिकायत तो तुझसे इतनी सी है या ख़ुदा! आखिर क्यों तूने हमे माँ-बाप महज़ एक दिया।

* * *

4. ऐसा है मेरा हिन्दुस्तान

हाँ, हमारे लोग कंधों पर लाखों बोझ ढोते है;

हाँ, हमारे यहाँ सड़क पर जगह-जगह भिकारी होते है।

हाँ मानता हूँ, मेरे मुल्क में नहीं हर लोगों का खाता रहता है;

हाँ मानता हूँ, मेरे मुल्क के दीवारों पर उल्का पाता रहता है।

भले ही तुम्हारे देश के जैसे यहाँ पर मज़े नहीं दिखते हैं;

भले ही तुम्हारे जैसे यहाँ के लोग सजे-धजे नहीं दिखते हैं।

हाँ, हमारे चमकदार चेहरे और ख़ुशबुदार हमारी साँस नहीं है;

मगर माँ-बाप का पैर छू सको दुनिया, ये सुख तो तुम्हारे
भी पास नहीं है।

कहते हो के तुम्हारे यहाँ नए पदार्थ सबसे पहले बनते हैं;

कहते हो के तुम्हारे यहाँ लोग नए-नए पोशाक पहनते हैं।

ठीक है, तेरे मुल्क में हमारे से ज़्यादा धन होगा;

ठीक है, तेरे हर लोगों के पास चारपहिया वाहन होगा।

चाहे तुम्हारे के यहाँ ग़रीब कोई भी बला नहीं है;

मगर हमारी भी अमीरी का संसार में मुक़ाबला नहीं है।

फ़र्क़ सिर्फ़ इतना है के दुनिया अमीर, धन से है;

और मेरी सोने की चिड़िया तो अमीर, मन से है।

ये तो तुमने बता दिया दुनिया के, मेरे देश में कितना
कचरा रहता है;
ये कौन बताएगा के देश के लिए मर मिटने को, तैयार
हमारा हर एक क़तरा रहता है।
भले ही हमारे यहाँ लोग गोरे, काले, नाटे और मोटे होते हैं;
परन्तु हमारा मन तो साफ़ है, तुम्हारे तो हृदय ही खोटे
होते हैं।
हमारे संस्कारों का क्या कहना, जब हमारी परवरिश माँ
जैसी महारानी करती है;
और उनके बच्चे क्या ही सीखेंगे, जिनकी सरपरस्ती तो
नौकरानी करती है।
भले से दुनिया का बड़े से बड़े लोगों के साथ नाता है;
मगर मेरा वतन तो वो है जहाँ परिवार साथ बैठकर खाना
खाता है।

ग़ैर मुल्क के क़ुर्बत में भी मैं कभी नहीं जाऊँगा;
आखिर भारत जैसा मुल्क तो मैं जन्नत में भी नहीं
पाऊँगा।
बाहर तो ये भी नहीं पता कि कब, क्या और कौन आ
जाए;
ये कोई नहीं जानता की कब किसका मौत आ जाए।

अगर ग़लती से भी मेरा जिस्म और रूह परदेश में जुदा हो गया;

फिर ख़ुदा भी मुझसे पूछेंगे ऊपर की बेटा आखिर कैसे तुमसे ये गुनाह हो गया।

और तुम भी सुन लो मेरा फ़ैसला 'माणिक', के यही मेरा प्यार, गर्व तथा अभिमान होगा;

जहाँ मैं जन्मा, जीवित हूँ और मरूँगा वो केवल एवं मात्र मेरा हिंदुस्तान होगा।

* * *

5. किरदार-ए-दौलत

दौलत से सिर्फ़ ख़रीद हो सकती हैं, महसूस नहीं।

दौलत से किताब ख़रीद सकते हैं, इल्म नहीं।

दौलत से मसाला ख़रीद सकते हैं, स्वाद नहीं।

दौलत से दवा ख़रीद सकते हैं, ज़िंदगी नहीं।

दौलत से कार ख़रीद सकते हैं, कामयाबी नहीं।

दौलत से अंगरक्षक ख़रीद सकते हैं, मौत नहीं।

दौलत से मजबूरी ख़रीद सकते हैं, मोहब्बत नहीं।

दौलत से माचिस ख़रीद सकते हैं, आग नहीं।

दौलत से बिस्तर ख़रीद सकते हैं, नींद नहीं।

दौलत से खाना ख़रीद सकते हैं, भूख नहीं।

दौलत से भजन ख़रीद सकते हैं, भक्ति नहीं।

दौलत से क्रीम ख़रीद सकते हैं, ख़ूबसूरती नहीं।

दौलत से विग ख़रीद सकते हैं, ज़ुल्फ़े नहीं।

दौलत से खिड़की ख़रीद सकते हैं, मंज़र नहीं।

दौलत से तोहफ़ा ख़रीद सकते हैं, भरोसा नहीं।

दौलत से हवाईजहाज़ ख़रीद सकते हैं, जन्नत नहीं।

दौलत से नुक़्सान ख़रीद सकते हैं, सम्मान नहीं।

दौलत से मकान ख़रीद सकते हैं, ख़ानदान नहीं।

दौलत से घड़ी ख़रीद सकते हैं, वक़्त नहीं।

दौलत से दुकान ख़रीद सकते हैं, ग्राहक नहीं।

दौलत से खिलौना ख़रीद सकते हैं, बचपन नहीं।

दौलत से पंखा ख़रीद सकते हैं, हवा नहीं।

दौलत से हथियार ख़रीद सकते हैं, डर नहीं।

दौलत से मैदान ख़रीद सकते हैं, मस्ती नहीं।

दौलत से दारु ख़रीद सकते हैं, दोस्ती नहीं।

दौलत से कुत्ता ख़रीद सकते हैं, हिफ़ाज़त नहीं।

दौलत से एकांत जगह ख़रीद सकते हैं, शांति नहीं।

दौलत से सहुलियत ख़रीद सकते हैं, हुनर नहीं।

दौलत से सामान ख़रीद सकते हैं, प्रसन्नता नहीं।

दौलत से काम करा सकते हैं, अनुभव को ख़रीद नहीं
सकते।

दौलत से गुलाम बना सकते हैं, इज्ज़त को ख़रीद नहीं
सकते।

दौलत से जिम जा सकते हैं, सेहत को ख़रीद नहीं सकते।

दौलत से मंदिर बना सकते हैं, धर्म को ख़रीद नहीं सकते।

दौलत से सोना ला सकते हैं, सुकून को ख़रीद नहीं सकते।

दौलत से हुक्म दे सकते हैं, मदद को ख़रीद नहीं सकते।

दौलत से दुनिया जीत सकते हैं, माँ-बाप को ख़रीद नहीं
सकते।

दौलत से पाप कमा सकते हैं, पुण्य को ख़रीद नहीं सकते।

कोई ज़ोम में है, कोई फ़रेब में है, कोई लोभित है, कोई
क्रोधित है;
इसके कारण असल और उचित मार्ग से, हर मनुष्य
बाधित है।
दौलत की महामाया जाल की गिरफ़्त में है सबकी जाँ,
'माणिक';
जब कि पैसे की भूमिका हमारे जीवन में कितनी मर्यादित है।

* * *

6. मेरी बहन

ये कहानी हमारे ज़हन की है;

अरे ज़हन छोड़ो ये हमारी बहन की है।

जिसके लिए हमारा हर एक धड़कन जिया है;

जिसके साथ हमने अपना बचपन जिया है।

उसके ही साथ बैठकर के पढ़ना;

यूँ छोटी-छोटी बातों पर झगड़ना।

खेलना भी उसी के साथ;

और उसी के साथ खूब लड़ना।

उसके हर एक तकलीफ़ को अपना बनाया है;

उसके हर एक ख़ाब को ख़ुद का सपना बनाया है।

हर बात में मेरा-तेरा करते थे;

छोटी-छोटी बातों में उसे छेड़ा करते थे।

ना खाने में है;

ना ज़माने में है।

वो ख़ुशी जो;

रूठी बहन को मनाने में है।

मेरी बहन है या आसमाँ से आयी कोई परी है;

छोटे से पौधे की वो नन्ही सी कली है।

लड़ते भी उसी के साथ है और, उसके बिना रहा भी नहीं जाता है;

उससे कितना प्यार करते है हम, ये उससे कहा भी नहीं जाता है।

वो तमाम लोग झूठे है जो कहते है के उन्हें बहन नहीं चाहिए;

सबूत है कि उन्हीं लोगों से बहन का गाली सहा भी नहीं जाता है।

फूल और पत्तियाँ सब सूख जाती है;
जिस दिन हमारी बहन रूठ जाती है।

जब-जब मेरी बहन की आँखों के हाशिये से आँसुओं का कतरा गिरता है;

तब-तब इस संसार पर बारिश और वज्रपात का ख़तरा गिरता है।

ये मैं कह रहा हूँ या मेरे अन्दर कोई फ़रिश्ता समाया है;
न जाने कौन सी पैदाइश में मैंने ये सवाब कमाया है।

और बचपन में ही 'माणिक' के रिश्ते के कोरे कागज़ पर;
ख़ुदा ने मेरी प्यारी और नन्ही सी बहन बनाया है।

* * *

7. मेरे महबूब का मुझसे सवाल

तेरी लाखों को देखूँ;
तेरी आँखों को देखूँ।
तेरी अधरों को देखूँ;
तेरी नज़रों को देखूँ।
तेरी कानों को देखूँ;
तेरी मुस्कानों को देखूँ।
तेरी अलकों को देखूँ;
तेरी पलकों को देखूँ।
तेरी बातों को देखूँ;
तेरी दाँतों को देखूँ।
तेरी अबरू को देखूँ;
तेरी घुँघरू को देखूँ।
तेरी ईमान को देखूँ;
तेरी ज़ुबान को देखूँ।
तेरी चालों को देखूँ;
तेरी गालों को देखूँ।
तेरी निशानी को देखूँ;
तेरी पेशानी को देखूँ।
तेरी रश्कों को देखूँ;
तेरी अश्कों को देखूँ।

तेरी हाँथों को देखूँ;
तेरी साथों को देखूँ।
तेरी इबादतों को देखूँ;
तेरी आदतों को देखूँ।
तेरे गले को देखूँ;
तेरे चेहरे को देखूँ।
तेरे ख़ून को देखूँ;
तेरे नाख़ुन को देखूँ।
तेरे जबड़े को देखूँ;
तेरे फेफड़े को देखूँ।
तेरी मंज़िल को देखूँ;
तेरे दिल को देखूँ।
तेरे तड़पनों को देखूँ;
तेरी धड़कनों को देखूँ।
तेरे बहाने को देखूँ;
तेरे बचपने को देखूँ।
तेरे नग़मों को देखूँ;
तेरे कदमों को देखूँ।
तेरे इश्क़ को देखूँ;
तेरे मष्तिष्क को देखूँ।
तेरे ज़हन-ए- मुश्ताक़ को देखूँ;

तेरे पहाड़ रूपी नाक को देखूँ।

तेरे पल्लू में लटके बंदों को देखूँ;

तेरे मुखारविंद के नीचे कंधों को देखूँ।

तेरी अलग-अलग भेषों को देखूँ;

तेरी लहराती हुई केशों को देखूँ।

तेरी चश्म पर चश्मों को देखूँ;

तेरी खाई हर एक कसमों को देखूँ।

तेरी साँसों की गलियों को देखूँ;

तेरे हाँथों की उंगलियों को देखूँ।

तेरी अहद-ए-हुनर को देखूँ;

तेरी इठलाती हुई कमर को देखूँ।

तेरी निगाहों के नीचे हया भरे बादल को देखूँ;

तेरी नैनों के नीचे दया भरे काजल को देखूँ।

तेरी आँखों की पुतलियों को देखूँ;

तेरी हुस्न की कठपुतलियों को देखूँ।

तेरी नज़ाकत भरी ताक़त को देखूँ;

तेरी ताक़त भरी नज़ाकत को देखूँ।

तेरी आकर्षण की निपुणता को देखूँ;

तेरी ब्रह्मांड रूपी सम्पूर्णता को देखूँ।

तेरे इश्क़ में दुरुस्त आशिक़ को देखूँ या;

तेरे मोहब्बत में बीमार 'माणिक' को देखूँ।

पूछा था ना तूने के मैंने तुझमें क्या कुछ भी देखा है ?

ठीक है, मैंने तो तुझमें कुछ, नहीं देखा, क्योंकि मैंने तेरे
सबकुछ को देखा है;

चल अब तू मुझे बस इतना बता दे, क्या कभी तूने मुझको
देखा है ?

* * *

अश’आर

उनकी ब-दस्तूर ख़ूबसूरती को मेरे यादों में ही महफ़ूज़
रहने दो;
कहीं अर्ज़ करूँगा तो ये आदत से मजबूर दुनिया ख्वाह-म-
ख्वाह कमियाँ निकालेंगी।

यूँ तो हम इन नज़रों के इनायत से तूफ़ान का भी मज़हब
ओ ज़ात बता दे मगर हमारा शग़फ़ तो ख़ैरात करने में
मसरूफ़ रहता है;
'माणिक' के इसी अदा ओ अंदाज़ को "लूट जाने" का नाम
देकर अक्सर ये हुनरमंद दुनिया हमारा मज़ाक बनाया
करती है।

ज़माने में ज़हर बनाना, बेचना और खाना किसी के लिए
भी बहुत बड़ी बात नहीं है;
दुनिया तो उस शख़्स के ख़ैर-मक़्दम में मुन्तज़िर है जो
आब-ए-हायात बनाने की जुरंत करे।

ऐ 'माणिक', आज से तमाम अदावत छोड़कर आज़ से
तमाम अदावत कर ले।

सारी उम्र बहुत मशक़्क़त से मैं ज़िंदगी को बनाता रह गया
'माणिक';
आज जाना, तमाम उम्र बड़ी आसानी से ज़िंदगी मुझे
बनाती चली आई।

चिल्लाना, बहस, नाराज़गी, फ़रमाइशें बहुत की,
फिर भी मुझे आज तक कुछ बुरा नहीं मिला।
दुनिया भर में ढूंढने की बहुत कोशिश की यार,
मगर माँ-बाप जैसा कोई दूसरा नहीं मिला।

माँ महज़ एक ही बार मिलती है,
खो दिए, उसके बाद वो कहाँ मिलेगी।
फ़िर कायनात फ़तह करने का भी क्या फ़ायदा,
थोड़ी ना दोबारा मुझको माँ मिलेगी।

हीरा अपने से अपना मोल नहीं बोलता, ये तो हम बताते हैं।
और माँ कितनी अनमोल थी, वो उसके जाने के ग़म
बताते है।

कैसे जी पाता, 'माणिक' तो मर ही जाता जो इसने स्वार्थ
से, गुस्से से, नफ़रत से, गुनाहों से भरी इस पूरे जहाँ को
देखा है।
बचा तो लिया यार बस इस दिल ने क्योंकि इसने प्यार से,
ख़ुशी से, ख़ुबसूरती से, ममता से भरी माँ को देखा है।

अपने केशर रूपी गुस्से से मेरा मरम्मत करके,
मुझको शीतल चंदन जैसा बनाया है।
मेरे सोने जैसे पापा ने ख़ुद को मेहनत की आग में तपाकर,
मेरे जीवन को कुन्दन जैसा बनाया है।

ढेरों सवाब, काफ़ी भाग्य, बड़े तक़दीर और बहुत नसीब से
देखा है;
हाँ मैं बहुत ख़ुशक़िस्मत हूँ, मैंने माँ-बाप को बहुत क़रीब से
देखा है।

ये निगाहें बहुत शरारती है इन्हें यूँ ना छेड़िए,
कहीं एक आँख बंद हुआ तो मोहतरमा को बहुत दुःख होगा।
और 'माणिक' को इस ज़ालिम ज़माने में जीना ही पड़ेगा,
कहीं दोनों आँख बंद हुआ तो मेरी माँ को बहुत दुःख होगा।

इस ज़िल्लत भरे ज़माने को अच्छा समझने की ग़लतफ़हमी
करके हुज़ूर बड़े ग़र्रा ओ ग़ुरूर के साथ अर्ज़ कर रहे थे कि
हम दुनिया में जहां भी गए हमे हर जगह बड़े सुकून से
रखने अपना तशरीफ़ मिला है।
आप सदाकत से महरूम मालूमात पड़ते है जनाब आपको
उस परवरदीगार के इनायत से तौफ़ीक़-ए-नसीब मिली है
क्योंकि आप जहां भी गए हो आपको हर जगह इंसान बड़ा
शरीफ़ मिला है।

नज़ाकत ने, नफ़ासत ने, तेरे अदाओं ने, तेरे हुस्न ने
मुझपर जादू कर दिया।
ये तमाम गुनहेगार है, इन्होंने मुझे बेक़ाबू कर दिया।

बिना किसी मेहनत के, मशक़्क़त के, जद्दोजहद के, उसे
मुक़द्दर का मुनाफ़ा हुआ है।
कल उसके बिस्तर से महक आ रही थी, लगता है
ख़ुबसूरती की ख़ुशबू में इज़ाफ़ा हुआ है।

सच बतलाऊँ तो जिस चीज़ के लिए मैं बहुत बदनाम हूँ,
वो देर तक सोना शौक़ नहीं है हमारा।
बस डर लगता है उनके दीदार वाले ख़्वाब टूट जाने का,
वरना तो ये मौत तक ख़ौफ़ नहीं है हमारा।

बेशक़ मुझे दूर का दिखाई नहीं देता है,
मगर सोच तो मैं दूर की रखता हूँ।
मुस्तक़बिल का चादर ना फ़टे इसलिए जान लो,
मैं मुँह में ज़बान गुरूर की रखता हूँ।

अपने ज़बान को आपने परवरिश-ए-मोहब्बत से क्यों
महरूम रखा,
आख़िर क्यों आपने अपना तमाम ममता महज़ अधरों पर
ही लुटाया है।
आपने बेशक़ अपने आँखों को बड़ी अच्छी तालीम-ए-
ख़ूबसूरती दी,
आख़िर क्यों नहीं आपने ये इनायत अपने नज़रों पर भी
लुटाया है।

जो बदन के नहीं मन के बहादुरों के पास होता है,
वो हथियार, शमशीर नहीं माफ़ी है।
और अच्छे बनने के लिए तो ये ज़िंदगी भी कम है,
ख़राब बनने के लिए तो एक शब्द ही काफ़ी है।

जो प्राणी आलोक के निद्रा कुटुम्ब में रहते हैं,
उनके जीवन के खुले सागर में अंधकार का नाव तैरता
रहता है।

और जो प्राणी तिमिर के निद्रा कुटुम्ब में रहते हैं,

उनके जीवन के खुले आकाश में प्रकाश का पक्षी उड़ता

रहता है।

जन्नत का तमाम नगीना बड़े फ़ुर्सत से छाँटकर,

ख़ुदा ने उसे एक इंसान का आकार दे दिया।

उसमें जब जान डाला तो आप निकल के आयीं,

फ़िर मजबूर ख़ुदा ने भी आपको अपना प्यार दे दिया।

मुझे उनसे मिलने की बहुत तमन्ना थी,

मेरा मिलन उनसे काश हो जाता।

मैं सालों भर मशीनों की तरह काम करता हूँ,

एक दिन तो इन कामों से मेरा अवकाश हो जाता।

पेड़, पौधे, वृक्ष कभी उग नहीं सकते,

जिस धरती की ज़मीं रेगिस्तान की हो।

बुज़दिल, कम-ज़र्फ़, डरपोक कभी पैदा नहीं हो सकते,

जिस दिल की ज़मीं हिन्दुस्तान की हो।

* * *

शायरी-ए-रुबाई

शेर सुनने समय ख़ून जवान और दिल याराना होना
चाहिए;
और शेर सुनाने के लिए माहौल शायराना होना चाहिए।
इतनी ही इल्तेजा है आपसे, इतना ही मुलाहिज़ा
फ़रमाइएगा;
मुशायरे का और कुछ नहीं, सिर्फ़ यही पैमाना होना चाहिए।

दुनिया के लिए नाबीना हो गया, बस आपको ही देखना
चाहता हूँ;
बाज़ार-ए-मोहब्बत में सिर्फ़ आपके दिल को, अपना धड़कन
बेचना चाहता हूँ।
आँच धीमी हो चाहे तेज़ हो, इससे कोई फ़र्क़ नहीं पड़ता;
बस आपके होठों के तवे पर, अपना लब-ए-रोटी सेकना
चाहता हूँ।

दिन के वक़्त में कभी भी आफ़ताब को नींद नहीं आती;
ये चार दिन की इश्क़ की चाँदनी में आप को नींद नहीं
आती।

और बच्चों की उम्र कुछ भी हो, इससे फ़र्क़ नहीं पड़ता;
वो जब तक घर ना लौटे माँ-बाप को नींद नहीं आती।

ख़्वाब है, हयात है, रात है, सुबह है, शाम है;
मेरे ये सारे के सारे तोहफ़े, आज से तेरे नाम है।
तेरे नज़ाकत, ढ़ाती है तू क़यामत, है मुझपर इनायत, ये
तमाम है;
मेरे सिर से पैर तक और जिस्म से रूह तक तेरी हर अदा
का गुलाम है।

ख़ुश तो आज ख़ुर्शीद भी होगा;
सरहदों पर मेरा जाँ शहीद भी होगा।
आँधी, तूफ़ाँ की तो मेरे समाने कुछ हैसियत ही नहीं;
मुझसे टकरा के तो परेशाँ नसीब भी होगा।

यकजेहती की बात करते थे, क्या हुआ, दुश्मन तो आप
हो गए;
ख़ुर्शीद से जंग करने निकले थे, क्या हुआ, ख़ाक हो गए।
अपनी बेग़म से छुपकर मज़ा लूटने चले थे जनाब;
मज़ा लूटना चाहते थे, मगर क्या हुआ, बाप हो गए।

डूब जाने को जी चाहे, आँखे थी इतनी गहरी;
लहरें भी जिसे देख शर्मा जाए, ज़ुल्फ़ें थी ऐसी लहरी।
मुमकिन नहीं है जिसका तारीफ़, वो शख़्सियत हैं आप;
सोना भी फ़ीका पड़ जाए देखकर आपकी सुनहरी।
अपनी ख़ूबसूरती पर आप इतना ना इतराए;
आप भी बहुत क़िस्मत वालीं हैं जो मेरे दिल है ठहरी।

ख़ुद जलता है वो, मगर सबको आफ़ताब देता है;
सारा दर्द सहकर हर ख़ुशी, वो मुझको अपने-आप देता है।
कौन कहता है के वो ख़ुदा हर किसी को नगीना नहीं देता;
के वो दौलत शोहरत जैसी चीज़े नहीं देता मगर हर किसी
को एक बाप देता है।

आसमाँ ने कहा मेरे पास सूरज और चाँद देख है;
ऐसे सोने और चाँदी जैसे नगीने सिर्फ़ एक है।
हीरों का नाम बताकर मैंने उस फ़लक का गुरूर ही तोड़ दिया;
के इस पूरे कायनात में मेरे माँ-बाप भी सिर्फ़ एक है।

ग़द्दारी के बीज बोने पर कभी मंज़िल पैदा नहीं होते;
सोचता था दुश्मन, कैसे यहाँ कभी मुश्किल पैदा नहीं होते।

जहाँ लोग न मरते ना मारे जाते है, सब शहीद होते हैं, वो
हैं हम;
जिस धरती पर क़त्ल ही नहीं होता, ऐसे भारत में क़ातिल
पैदा नहीं होते।
ख़ान अब्दुल ग़फ़्फ़ार ख़ान, ख़ुदीराम बोस, भगत सिंह के
लहू से सिंचाई है जहाँ की ज़मीं;
ऐसे हिंदुस्तान की मिट्टी से कभी बुज़दिली पैदा नहीं होते।

कुदरत का ऐसा करिश्मा देख मैं तो तमाम नगीना ही
भूल गया;
तेरी तबस्सुम का जब से दीदार हुआ है, मैं तो जीना ही
भूल गया।
तेरी आखों में तमाम ख़ुमार मयस्सर है फ़िर भी पूछती हो
के पीते तो नहीं हो;
अरे पगली! पहले तेरी वाली तो उतर जाए, जब से तुझको
देखा है मैं तो पीना ही भूल गया।

कुछ काम करते हुए मुझे सुबह से शाम हो गया;
धीरे-धीरे काम करने के लिए मैं बदनाम हो गया।
हमेशा ताना ही मिलता था सुनने को मुझे;
जब भी मैं कहता था कि अब मेरा काम हो गया।

जनाब ने वक़्त की शह से ख़ूबी को मात क्या दी;
ख़ूबी के हिज्र में साहब का देखो क्या अंजाम हो गया।

मुन्कशिफ़ है मेरा मोहब्बत, मैं इसे नहीं छुपाता हूँ;
अरे अपनेआप को क़िस्मतवाली समझ, मैं ये दिल को हर
किसी पे नहीं लुटाता हूँ।
एक आवाज़ देता हूँ, मगर यूँ नज़रअंदाज़ करके मुझे परेशाँ
कर रही हो;
अब बैठकें पछताओं ये जानकर कि मैं दोबारा किसी को
नहीं बुलाता हूँ।

जब तक मेरी शादी ना हो, तुम मेरी निगाह में रहना;
और तुझसे ये इल्तेजा है कि मेरे बग़ल में तुम मेरी निकाह
में रहना।
ऐ ख़ुशी! तुझे मेरे पास अलग से आने की ज़रूरत नहीं है;
बस सद्र-ए-मोहतरम की तुम हर एक वाह-वाह मे रहना।

कौन कहता है कि कामयाबी हर किसी के दहलीज़ पर
दस्तक नहीं देती, ज़रा कोई ख़ुद को मेहनत की आग में
झोंक के दिखाए;

मेरे अल्फ़ाज़ ओ लहजे में बहुत दम है, ज़रा मेरी तरह
कोई इस बात पर अपना सीना ठोक के दिखाए।
मेरी निगाह मे वो तमाम लोग डरपोक हैं, जो इज़हार-ए-
इश्क़ की हिम्मत नहीं रखते;
मैं तो जा रहा हूँ उन्हें तेरी भाभी बनाकर ही लाऊँगा,
अब तो किसी के बाप में इतना दम नहीं की हमे रोक के
दिखाए।

ये जो ठंड है उड़ जाएगा, बस एक रज़ाई तो मिल जाए;
सारा दर्द उड़ जाएगा, बस एक दवाई तो मिल जाए।
बहरहाल हमें तो ज़िंदगी से कोई शिकवा नहीं सिर्फ़ एक को
छोड़कर;
वो भी आसानी से उड़ जाएगा, बस एक लुगाई तो मिल
जाए।

पूरी दुनिया को हमने अपना करके ये शोहरत कमाया है;
और तूने तो अपनों को भी बेचकर के ये दौलत कमाया है।
जब बर्बादी तेरे कदमें चूमने लगी तो तू अपनी ख़ता
पूछता है;
बस हर कमाई के बाद सोच लेता कि ख़ुदा की बदौलत
कमाया है।

तैयार है हम इस ज़ालिम ज़माने के लिए;

थप्पड़, लाठी, गोली, बारूद, बम खाने के लिए।

दहकते अंगारों पर भी नवाबों की तरह चल देंगे;

आखिर जा रहे है हम अपने मोहब्बत को पाने के लिए।

कल तो सूरज के नूर में भी दम नहीं था;

और न रूठिए जान-ए-मन, आ रहे है हम आपको मनाने के
लिए।

थोड़ा तबस्सुम का दीदार करवाइए मर रहा हूँ;

मेरा परिंदा-ए-चश्म तरस गया है आपके हँसी के दाने के
लिए।

जब लोगों का रुतबा बड़ा हो जाता है;

न जाने क्यों उनका बोली कड़ा हो जाता है।

ज़रा उन शख़्स के कान में मेरा नाम घोल के देख;

अच्छे-अच्छों का खटिया खड़ा हो जाता है।

बादल, सितारे, चाँद, सूरज अबतक नहीं देखा, कभी चश्म
ओ निगाहों से फ़लक में देखा है;

मणि, रत्न, हीरा, नगीना नहीं देखा, कभी ग़ौर से उनके
आँखों के पलक में देखा है।

फ़क़ीर, गुलाम, मुलाज़िम, क़लंदर भी उल्फत-ए-मुफ़लिसी
के शिकार है;

कायनात, नूर, ख़ूबसूरती, मलाइका, इनायत और ना जाने
क्या-क्या उनके एक झलक में देखा है।

कपड़े का नया हिस्सा उसके नाम करके, मेरे हिस्से में
तुरपाई दे दे;
मेरे आवाज़ को बरहमी करके, उसके आवाज़ों में शहनाई
दे दे।
और फ़िर मैं इस ज़माने को दिखाऊंगा की दुनिया कैसी
जीती जाती है;
बस इतनी ही गुज़ारिश है या इलाही! के मेरे हिस्से में एक
भाई दे दे।

पैसे का गुरूर है आपको सो आपका कॉलर खड़ा हो जाता है;
दौलत, शोहरत, रुतबे, से तो पूरी जहाँ का कॉलर खड़ा हो
जाता है।
और मैं सुकून ओ ख़ुशी से अपने घर में खाना खा लू बस;
हाँ, मैंने देखा है कि मेरी माँ का कॉलर खड़ा हो जाता है।

किसी से मुफ़्त में नहीं लेकर हो गए;
हर एक शख़्स को जवाब देकर हो गए।
यूँ तो आदमी हम भी बुरे नहीं थे यारों;
किसी के लिए फ़लसफ़ी किसी के लिए थेथर हो गए।

मेरी आजकल तारीफ़ होने लगी है, ये उड़ता हुआ एक ख़बर है;

मुझे दाद देकर के पराया कर देना, तो इस ज़माने का हुनर है।

मैं थोड़े ना कुछ अच्छा लिखता हूँ, ये तो आपके अंदाज़ का असर है;

मेरे ग़ज़ल में क्या ही ख़ूबसूरती, ख़ूबसूरत तो आपका नज़र है।

* * *

थोड़ी और गुफ़्तगू

लिसान : ज़ौक और गुफ़्तगू

ज़माने में ज़्यादातर लोगों का ज़ायक़ा शीरीन होता है मगर ज़बान नहीं। लेकिन 'माणिक' ज़ायका कड़वा या नमकीन भी हो तो चलता है मगर ज़बान हमेशा शीरीन होनी चाहिए। ज़ायका ख़ुद (स्व) के लिए होता है और ज़बान दूसरों (पर) के लिए। इसलिए भले ही हम तीखा खाना मुँह के अंदर डाल ले मगर मुँह से बाहर हमेशा मीठी ही बोली निकलनी चाहिए।

दौलत की हैसियत

ये बात तो ठीक है 'माणिक' की पैसे के बिना लोग नहीं पूछते, मगर मैं तो बस इतना ही जानता हूँ कि क़ीमत तो पत्थर की होती है प्रतिमा की नहीं।

पत्थर का मोल है।

प्रतिमा अनमोल है॥

प्रीत की सीख

प्रणय से ही आशा और विश्वास का जन्म होता है। मात्र एक क्षण के लिए कल्पना करो 'माणिक', जहाँ किसी व्यक्ति को किसी अपने से ही आशा ना हो या कोई व्यक्ति किसी अपने से कोई अपेक्षा ही ना रखता हो क्योंकि व्यक्ति को अपनों पर विश्वास ही नहीं है तो फिर, वो सब व्यक्ति अपने कैसे ? वास्तव में जहाँ आशा और विश्वास का न कोई महत्व हो और ना ही किसी के मन में इनका स्थान हो, तो वैसी स्थिति में उस स्थल से प्रीत, प्रणय, प्रेम, वात्सल्य, अनुराग, स्नेह विलुप्त हो जाते हैं और मनुष्य हाथ मलता रह जाता है।

वक़्त और पैमाना

हमे अपनी ज़िंदगी में किसी भी चीज़ को जितनी ज़रूरत हो उतना ही इस्तेमाल करना चाहिए और इस्तेमाल भी वक़्त के मुताबिक करना चाहिए। हर वस्तु का उपयोग और उसका पैमाना समय-समय पर मुख़्तलिफ़ होता है। कोई भी कार्य अगर हम निर्विघ्न रूप से पूर्ण करना चाहते हैं तो सबसे विशेष बात यही है कि उसमें हर चीज़ सही वक़्त पर सही मात्रा में हों, तभी जाकर बेहरामंदी हासिल होती है। अगर यह ना हो पाए तो वो सामान एवं वक़्त दोनों नष्ट हो जाते हैं। मिसाल के तौर पर, ग़ुस्ल-ए-दस्त के लिए

हैनडवाश लिक्विड का एक कतरा हाथ पर लेने के पश्चात्
सारा खेल पानी का होता है और वक़्त के मुताबिक उसके
पैमाने का। ख़ुश्क हाँथ पर वो हैनडवाश लिक्विड कोई काम
का नहीं। ना उससे फ़ेन होगा ना गंदगी साफ़ होगी। पानी
से ही उसका इस्तेमाल इब्तिदा होता है। फ़ेन से ही गंदगी
साफ़ होती है। अगर हम अपने आदत ओ याददाश्त पर
ग़ौर फरमाए तो थोड़ा सा पानी लगता है फ़ेन बनाने के
लिए और फ़िर काफ़ी पानी लगता है फ़ेन हटाने के लिए।
अगर बूँद पर ज़्यादा पानी डाले तो भी काम नहीं होगा,
तमाम बूँद बह जाएगा और फ़ेन बनने के बाद अगर पानी
कम डाला जाए तो अच्छे से हाथ नहीं धुलेगा। इसलिए
अगर कोई कार्य सफल पूर्वक पूर्ण नहीं होता है तो उसमें
ना दोष समय का है ना ही वस्तु का। हम जिस सामान
का जैसा उपयोग करेंगे वैसा ही परिणाम पाएँगे। इसलिए
'माणिक', उचित स्थान और उचित समय पर उचित वस्तु
को उचित मात्रा में उचित कार्य के लिए उपयोग किया जाए
तो सफलता अवश्य प्राप्त होती है।

* * *